JN025320

Solutions to Constitutional Issues

憲法問題のソリューション

市川正人+**倉田玲**+**小松浩**=編著

Masato Ichikawa+Akira Kurata+Hiroshi Komatsu

日本評論社

はしがき

　本書は、現代日本に現実に生起している憲法問題を具体的に取り上げ、それにかかわる憲法学説や判例を、単に知識として知るだけでなく、その解決を主体的に自分の頭で考えられるようになることを目指している。

　本書は、以下の4つの柱で構成されている。

　まず、「報道によると」の部分では、その章で具体的に取り上げる憲法問題についての新聞報道を紹介する。比較的長文の記事を取り上げたのは、最近の学生には、「新聞を読まない。ネットニュースで済ませている」という傾向があるように思われ、やはり、新聞はしっかり読んでほしいというメッセージでもある。

　次に、「何が問題なのか」の部分では、取り上げられた当該憲法問題の憲法上の論点は何なのかを示し、読者が考えるべき論点を整理する。

　「考えてみるには」の部分では、当該憲法問題にかかわって知っておくべき、理解しておくべき憲法学説、憲法判例をコンパクトに紹介している。これは当該憲法問題を論じるにあたっての基礎知識であり、これを知らずして、理解せずして憲法問題を論じると、「どこかのテレビのコメンテーター」のように、地に足のつかない、時々の感情による、思い付きの「答え」になってしまい、説得力はない。

　最後に、「『答え』を導き出そう」の部分は、以上の学説や判例を検討したうえでの、執筆者なりの「答え」を示した部分である。もちろん、「答え」、その理由付けは1つではなく、複数の「答え」がありうるであろう。本書で示したのは、あくまで執筆者の現時点での1つの「答え」であり、1つの参考資料である。読者の皆さんは、執筆者の「答え」を手掛かりに、それを批判的に吟味し、自分なりの「答え」を導き出してほしい。「この本にこう書いてあったから」ではなく、本書を参考に、あくまで、自分の頭で考えてほしい。本書は、大学、大学院における憲法演習（ゼミナール）などでの使用も念頭においているが、報告者の皆さんは、本書の「答え」を報告するのではなく、あくまで、それを参考に、自分の頭で考えた、自分なりの「答え」を報告してほしい。

　章末には、厳選した「参考文献」を挙げている。ゼミナールなどでの報告にあたっては、本書のみならず、掲載した「参考文献」には必ずあたってほしいという意味合いを込めて「厳選」したものである。ぜひ参照してほしい。

　なお、現代日本では、昨今の日本学術会議会員任命拒否問題など憲法をめぐ

る事件が頻発している。日本国憲法を理解しない政権の存在がその理由であろうが、学生諸君のみならず、憲法問題に関心がある一般市民の方々にも本書が広く読まれ、日本の民主主義、人権、平和の擁護・発展に本書が寄与することがあれば幸いである。

　本書のコンセプトは、以上のとおりであるが、これは、市川正人『ケースメソッド憲法』（日本評論社、初版1998年、第2版2009年）から大いに示唆を得ている。市川先生は、2021年3月をもって、立命館大学を定年退職される。本書は、市川先生のこれまでの長年にわたるご尽力に感謝する思いで、市川先生のご退職を記念して、市川先生の同僚、教えを受けた者たちによって執筆された。市川先生には、「長年にわたりご尽力いただき、お疲れさまでした。ありがとうございました」と申し上げたい。

　最後に、まったくの私事で恐縮であるが、市川先生との思い出を一つ記したい。市川先生と小生の出会いは、今から30年以上も前、小生がまだ大学院生の時に、ある学会の合宿研究会で同室になったのが初めてである。その後、小生が三重短期大学に赴任し、そこで当時三重大学に勤められていた市川先生と三重の地でご一緒することとなった。この時もご縁を感じたが、その後、立命館大学では同僚となり、なおさら深いご縁を感じる次第である。

　市川先生は、2021年4月より立命館大学特任教授となられる。今後とも、立命館大学のため、日本の憲法学のため、ご尽力いただきますことをお願いして、結びにかえたい。

　本書の出版にあたりいろいろとお世話いただいた株式会社日本評論社の柴田英輔さんに感謝申し上げる。

2021年2月

小松　浩

目次

Part Ⅲ │ 権力に関する4つのケース

Part Ⅳ │ 原理に関する3つのケース

凡例

[法令]

＊法令の略称は、以下のとおりとする。

＊日本国憲法は、原則として条文数のみ表記する。略記する場合には「憲法」とする。

安保法	安全保障関連法
イラク特措法	イラクにおける人道復興支援活動及び安全確保支援活動の実施に関する特別措置法
共謀罪法	組織的な犯罪の処罰及び犯罪収益の規制等に関する法律等の一部を改正する法律案
憲法	日本国憲法
旧憲法	大日本帝国憲法
憲法改正手続法（国民投票法）	日本国憲法の改正手続に関する法律
国公法	国家公務員法
地公災法	地方公務員災害補償法
地公法	地方公務員法
テロ特措法	テロ対策特別措置法
秘密保護法	特定秘密の保護に関する法律
日米安保条約	日本国とアメリカ合衆国との間の相互協力及び安全保障条約
プロバイダ責任制限法	特定電気通信役務提供者の損害賠償責任の制限及び発信者情報の開示に関する法律
ヘイトスピーチ解消法（差別的言動解消法）	本邦外出身者に対する不当な差別的言動の解消に向けた取組の推進に関する法律
労組法	労働組合法
労調法	労働関係調整法

[判例・裁判例]

＊判例あるいは裁判例は、以下のように略記した。

例：最大判1974・11・6刑集28巻9号393頁

＊大法廷は「最大判」、小法廷は「最○小判」と表記する。

＊有名な判例または裁判例には、出典の後に〔　〕で事件名を表記した。

＊判例あるいは裁判例を示す際の略記は、以下のとおりとする。

最判（決）	最高裁判所判決（決定）
高判（決）	高等裁判所判決（決定）
地判（決）	地方裁判所判決（決定）
民集	最高裁判所民事判例集
下民集	下級裁判所民事裁判例集
刑集	最高裁判所刑事判例集
行集	行政事件裁判例集

裁時	裁判所時報
判時	判例時報
判自	判例地方自治
判タ	判例タイムズ
労判	労働判例

［文献略記］

〈体系書・演習書・教材・資料集など〉

芦部・憲法学Ⅰ～Ⅲ	芦部信喜『憲法学（Ⅰ・Ⅱ・Ⅲ〔増補版〕）』（有斐閣、1992～2000年）
芦部・憲法	芦部信喜（高橋和之補訂）『憲法〔第7版〕』（岩波書店、2019年）
市川・基本講義	市川正人『基本講義　憲法』（新世社、2014年）
市川・ケースメソッド	市川正人『ケースメソッド憲法〔第2版〕』〔日本評論社、2009年〕
浦部・教室	浦部法穂『憲法学教室〔第3版〕』（日本評論社、2016年）
清宮・憲法Ⅰ	清宮四郎『憲法Ⅰ〔第3版〕』（有斐閣、1979年）
小山・作法	小山剛『「憲法上の権利」の作法〔第3版〕』（2016年、尚学社）
佐藤・憲法	佐藤幸治『憲法〔第3版〕』（青林書院、1995年）
佐藤・憲法論〔初版〕	佐藤幸治『日本国憲法論』（成文堂、2011年）
佐藤・憲法論	佐藤幸治『日本国憲法論〔第2版〕』（成文堂、2020年）
渋谷・憲法	渋谷秀樹『憲法〔第3版〕』（有斐閣、2017年）
高橋・憲法	高橋和之『立憲主義と日本国憲法〔第5版〕』（有斐閣、2020年）
高橋・体系	高橋和之『体系 憲法訴訟』（岩波書店、2017年）
野中ほか・憲法ⅠⅡ	野中俊彦＝中村睦男＝高橋和之＝高見勝利『憲法Ⅰ・Ⅱ〔第5版〕』（有斐閣、2012年）
長谷部・憲法	長谷部恭男『憲法〔第7版〕』（新世社、2018年）
宮澤・憲法Ⅱ	宮澤俊義『憲法Ⅱ〈新版〉』〔有斐閣、1974年〕
本・憲法講義	本秀紀（編）『憲法講義〔第2版〕』（日本評論社、2018年）
渡辺ほか・憲法Ⅰ	渡辺康行＝宍戸常寿＝松本和彦＝工藤達朗『憲法Ⅰ——基本権』（日本評論社、2016年）

〈逐条解説書・事典・資料集など〉

新基本法コメ	芹沢斉＝市川正人＝阪口正二郎（編）『新基本法コンメンタール憲法』（日本評論社、2011年）
新コメ	木下智史＝只野雅人（編）『新・コンメンタール憲法〔第2版〕』（日本評論社、2019年）
長谷部ほか・注釈（1）～(3)	長谷部恭男（編）『注釈日本国憲法（1)～(3)』（有斐閣、2017～2020年）
樋口ほか・注解Ⅰ～Ⅳ	樋口陽一＝佐藤幸治＝中村睦男＝浦部法穂『注解法律学全集・憲法（Ⅰ～Ⅳ）』（青林書院、1994～2004年）
法協・註解	法学協会（編）『註解日本国憲法（上・下）』（有斐閣、1953～1954年）
宮沢・コメ	宮沢俊義（芦部信喜補訂）『全訂日本国憲法』（日本評論社、1978年）
百選Ⅰ	長谷部恭男＝石川健治＝宍戸常寿（編）『憲法判例百選Ⅰ〔第7版〕』（有斐閣、2019年）

Part I
自由に関する
3つのケース

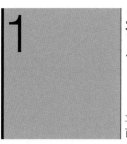

表現の自由
──ヘイトスピーチの規制

立命館大学教授
市川正人

Ⅰ｜報道によると

1　「ヘイト 刑事罰条例成立　公の場で 海外出身者・子孫を理由に 川崎市 全国初」（朝日新聞、2019年12月13日）

　外国にルーツがある市民らを標的にしたヘイトスピーチ（憎悪表現）に刑事罰を科す、全国で初めての条例を川崎市がつくった。12日に開かれた定例市議会本会議で可決、成立した。差別的な言動を繰り返すと、刑事裁判を経て最高50万円の罰金が科される。同様の条例づくりに取り組む全国の自治体のモデルになると注目されている。

　「差別のない人権尊重のまちづくり条例」は、道路や広場、公園のような市内の公共の場所で、拡声機を使って「日本から出て行け」と叫ぶなど、罰則の対象になる行為を厳格に絞り込んだ。憲法が保障する表現の自由に配慮した。

　罰則対象の行為をした団体が再び同様の行為をしようとした時に市長は「勧告」する。勧告に違反した団体が再び行為に及びそうな時には「命令」をする。命令に違反すると、市長は氏名などを公表し、捜査当局に告発。起訴されて裁判で有罪になった場合に罰金が科される。罰則は来年7月に施行される。

　市長は、勧告、命令、告発の各段階で、有識者でつくる「差別防止対策等審査会」に意見を聴く。市長が条例を乱用しないようにする仕組みだ。

　川崎市では在日コリアンを標的にしたヘイトスピーチが繰り返され、2016年に国の対策法ができるきっかけになった。だが、法律は「不当な差別的言動は許されない」という基本的な考え方を示しただけで、罰則を設けなかった。法施行後もヘイト行為が横行する状況に対し、川崎市は抑止力のある条例を整備しようと取り組んできた。

　ただ、インターネット上のヘイト行為については対象外となり、今後の課題として残された。

■刑事罰の対象となる行為

◆川崎市内の公共の場所で

◆日本以外の国や地域の出身者またはその子孫であることを理由とした差別的言動

〈具体的には〉

◆居住する地域から退去させることを扇動、告知する

◆生命、身体、自由、名誉、財産に危害を加えることを扇動、告知する

◆人以外のものにたとえるなど、著しく侮辱する

〈いずれかの手段を用いるものに限定〉

◆拡声機を使う

◆看板、プラカードを掲げる

◆ビラ、パンフレットを配布する

2 「ヘイト根絶へ『全国に広がって』 川崎市条例が全面施行」
（朝日新聞、2020年7月2日）

　ヘイトスピーチに刑事罰を科す、全国初の条例が川崎市で全面施行された1日、市民団体「ヘイトスピーチを許さないかわさき市民ネットワーク」が、「根絶に向けて大きく前進した」との声明を発表した。メンバーは記者会見し、同様の条例が各地に広がってほしいと訴えた。

　同団体は2016年1月、在日コリアンが多く住む同市川崎区桜本地区で2回目のヘイトデモが予告されたのを機に結成された。市や議会に、デモの防止策を講じるよう求めてきた。

　声明は、条例の全面施行を「『差別は犯罪である』ということが市民に明示された」と評価。「市と市民がますます連携を深め、ともにこの条例を推進し、共生の街づくりに積極的に参画していく」とした。

　会見では、関田寛雄代表が「喜び、感謝し、祝福したい。グローバルな変革はローカル（地域）から始まる。この条例が全国各地に広がることを望む」と話した。被害を訴えてきた在日コリアン3世の崔江以子（チェカンイヂャ）さんは「助けて下さいといくら大きく叫んでも、法や行政施策が追いつかなかった。（条例の罰則は）誰かを罰するためではない。市が盾となって、被害から未然に市民を守るということが、今回の条例の大きな意義だ」と述べた。

　条例では、外国にルーツがある市民らを標的にした、市内の公共の場所でのヘイト行為を処罰対象と規定。市長の勧告や命令に違反して行為を繰り返すと、

　市長は氏名などを公表し、捜査当局に告発する。起訴されて刑事裁判で有罪になると、最高50万円の罰金が科される。

　条例は昨年12月と今年4月に部分的に施行されたが、罰則部分は周知期間を置き、今月1日からの施行となった。憲法が保障する表現の自由にも配慮し、処罰の対象になる行為を具体的に絞り込んだ。また、権力の乱用を防ぐため、市長は、勧告、命令、告発の各段階で、有識者でつくる「差別防止対策等審査会」の意見を聴く。

> **【関連条文】**
> 　憲法21条1項　集会、結社及び言論、出版その他一切の表現の自由は、
> 　　これを保障する。

Ⅱ　何が問題なのか

　特定の民族や国籍を有する人々などに対する憎悪を表明し、憎悪を煽る表現であるヘイトスピーチ（hate speech）が深刻な社会問題となっている。在特会（在日特権を許さない市民の会）などによる在日コリアンを口汚くののしる街宣活動が活発になされ、それが「ネット右翼」によって拡散されてきた。こうしたなか、「本邦外出身者に対する不当な差別的言動の解消に向けた取組の推進に関する法律」（「ヘイトスピーチ解消法」）が2016年に制定された。これは、「本邦外出身者に対する不当な差別的言動」の解消に向けた取組みについて、基本理念を定め、国等の責務を明らかにするとともに、基本的施策を定めている。この法律のいう「本邦外出身者」とは「本邦の域外にある国若しくは地域の出身である者又はその子孫であって適法に居住するもの」を指し、「本邦外出身者に対する不当な差別的言動」とは、「もっぱら本邦外出身者に対する差別的意識を助長し又は誘発する目的で公然とその生命、身体、自由、名誉若しくは財産に危害を加える旨を告知し又は本邦外出身者を著しく侮蔑するなど、本邦の域外にある国又は地域の出身であることを理由として、本邦外出身者を地域社会から排除することを煽動する不当な差別的言動」（同法２条。若干改変）である。しかし、ヘイトスピーチ解消法は、ヘイトスピーチを直接規制するものではないので、地方公共団体において、より直接的にヘイトスピーチを抑止することを目指した取組みが模索されている。たとえば、多くの地方公共団体が、市民会館などの「公の施設」をヘイトスピーチを伴う集会に使用させないとする要綱を定めている。また、大阪市は、ヘイトスピーチ解消法に先立って、ヘイトスピーチを行った者を公表するとする条例を制定している。2019年に制定された川崎市の「差別のない人権尊重のまちづくり条例」はヘイトスピーチに対して刑罰を科す仕組みを定めており、最も先鋭的なものである。

　川崎市の条例は、まず、市内の道路、公園、広場その他の公共の場所において、拡声機を使用したり、プラカードなどを掲示したり、またはビラなどを配布することによって、本邦の域外にある国または地域を特定し、当該国または地域の出身であることを理由として、「本邦外出身者に対する不当な差別的言動」を行い、または行わせてはならない、としている（12条）。そして、市長は、禁止されている本邦外出身者に対する不当な差別的言動がなされた場合、地域を定めて、６ヶ月間、同一理由の差別的言動を行い、または行わせてはな

らない旨を勧告することができ（13条）、さらに、勧告に従わなかった者が、再び同一理由の差別的言動を行い、または行わせる明らかなおそれがあると認めるに足りる十分な理由があるとき、その者に対し、地域を定めて、6ヶ月間、同一理由の差別的言動を行い、または行わせてはならない旨を命ずることができる（14条）。この市長の命令に従わない場合は50万円以下の罰金に処せられる（23条）。

　川崎市の条例では、こうした勧告、命令などの仕組みが定められている章の規定の適用にあたっては、表現の自由その他の日本国憲法の保障する国民の自由と権利を不当に侵害しないように留意しなければならないとされている（20条）。実際、禁止されている「本邦外出身者に対する不当な差別的言動」は、インターネット上のものは含まず、川崎市内の公共の場所で行われたものに限定されている。そして、まずは勧告をし、勧告に従わない場合に命令を発し、命令に従わない場合に処罰するという段階的な仕組みをとっている。さらに、勧告、命令を出すにあたっては、学識経験者からなる川崎市差別防止対策等審査会の意見を聴かなければならないとされており、慎重で丁寧な仕組みが作られている。それでも、そうした慎重な手続を踏まえて出された命令に従わず「本邦外出身者に対する不当な差別的言動」を続ければ、刑罰の対象となる。ヘイトスピーチも表現活動としてなされる以上、処罰が表現の自由を侵害するものでないか否か、検討を加える必要がある。

Ⅲ　考えてみるには

1　表現の自由の意義と限界

(1)　表現の自由保障の意味

　憲法21条1項が保障する表現の自由は、情報の伝達に関する活動を保障し社会における情報の自由な流れを維持促進することによって、まず、人格の実現ないし自己実現に役立ち、さらに、民主主義過程の維持保全にとって不可欠な役割を果たす。こうした表現の自由の価値ないし機能を理由に、表現の自由は最大限に尊重されねばならず、表現の自由が制約されている場合、裁判所はその合憲性を厳密に検討すべきであるとされている（表現の自由の「優越的地位」）。

　この表現の自由の保障は、国家の干渉がなく、すべての思想が市場に登場することを認めれば、思想の自由競争の結果、人格の実現や民主主義過程の維持

保全にとってよい結果が達成されうるという考え方（「思想の自由市場」論）に立っている。すなわち、何が真実であり、価値があるのかは、国が決めるべきことではなく、市民の議論に委ねられているというのである。表現の自由の保障は、自律的判断をする市民の能力に対する信頼に基づくものである。

　こうした考え方からすれば、国が表現の中身を理由に表現活動を規制すること（表現内容の規制）は、国家（機関）・権力者にとって不適当とみなされる情報（思想・意見・事実等）の抑圧のためになされる危険が大きく、「思想の自由市場」をゆがめるものであって、最も問題のあるものだとされる。それゆえ、表現内容の規制は、特別な必要性のある場合にしか許されない。しかし、重大な犯罪を引き起こすようあおって、その結果、重大な犯罪が引き起こされ、市民の生命、身体、財産が犯されるようなことは抑止しなければならないであろう。また、市民の人間としての尊厳を冒すような表現も、市民の人格を否定し大きな精神的なダメージを与えるもので、野放しにすることはできない。このように表現内容の規制が必要な場合もある。そこで、市民の生命、身体、財産、人格と表現の自由との調整をどう図るかが課題となる。

(2)　犯罪の煽動

　煽動罪とは、実際に煽動された行為がなされたか否かにかかわらず、煽動された行為がなされる危険を理由に処罰するものである。しかし、犯罪を引き起こそうという呼びかけは、何らかの思想、意見と結びついていることが多い。たとえば暴力でもって国家体制を転覆しようという呼びかけは、現在の国家体制への強い批判と、あるべき国家体制・社会の理想と結びついている。先にみた「思想の自由市場」論からすれば、思想、意見の表明はできる限り自由になされなければならず、問題のある言論についても言論でもって対抗するのが筋である（対抗言論の原則）。思想・意見と結びついている表現行為を犯罪を引き起こす可能性があるというだけで禁止し処罰するならば、政治理論の表明や政府の政策批判までもが処罰される危険がある。もっとも、「思想の自由市場」論をとっても、さすがに言論で対抗するなどといった悠長なことをいっていられない緊急の場合には、思想・意見の流布を抑止することが許されることになろう。

　そこで、学説では、犯罪の煽動については、言論が重大な害悪を発生させる蓋然性が明らかであり、かつ、害悪の発生が差し迫っている場合にのみ言論を処罰しうるという「明白かつ現在の危険」の基準（"clear and present danger" test）が妥当すべきである、という考え方が広く支持されている。また、言論の内容が犯罪を直ちに引き起こそうと呼びかけるものであり、しかも、聞き手が犯罪に走る可能性が高い場合に、煽動を処罰することができるとする──より表現の自由保護的な──アメリカ合衆国最高裁のブランデンバーグ判決の基準を用いるべきであるとする意見も強い。

　しかし、最高裁は、煽動を「特定の行為を実行させる目的をもって、文書若しくは図画又は言動により、人に対し、その行為を実行する決意を生ぜしめ又は既に生じている決意を助長させるような勢のある刺激を与えること」（破壊活動防止法4条2項）と理解した上で、「明白かつ現在の危険」の基準等を用いることなく、公共の福祉を理由にそのような煽動の処罰は憲法21条1項に違反しないと判示している。たとえば、破壊活動防止法39・40条（政治目的による現住建造物等放火罪、騒擾罪［現在の騒乱罪］等の煽動の処罰）につき、最高裁は、「せん動は、公共の安全を脅かす現住建造物等放火罪、騒擾罪等の重大犯罪をひき起こす可能性のある社会的に危険な行為であるから、公共の福祉に反し、表現の自由の保護を受けるに値しないものとして、制限を受けるのはやむを得ない」、としている（最二小判1990・9・28刑集44巻6号463頁）。

⑶　名誉毀損

　刑法230条は名誉毀損罪を、231条は侮辱罪を定めている。名誉毀損罪とは、ある人について一定の事実を公表することによってその人の社会的評価を低下させることである。侮辱罪は、ある人について事実を公表するのではなく公然とその人の社会的評価を低下させることであるとされている。また、名誉毀損は不法行為にもなり、損害賠償責任も発生する（民法709条）。名誉感情の侵害は、侮辱罪とならないとしても、不法行為責任を問うことはできる。名誉権（人の社会的評価ないし名誉感情についての権利）も人間の尊厳につながるものであり尊重されねばならないが、他方、表現の自由も重要な人権であるので、表現の自由と名誉権との調整が必要となる。

　そこで、刑法230条の2は、①公共の利害に関する事実を②公益目的で公表した場合には、③その事実が真実だと証明できれば、名誉毀損罪は成立しない、と定めている（1項）。判例は、真実であると証明できなくても、真実であると信じたことに相当な理由があるときには、故意を欠き名誉毀損罪は成立しないとして、さらに表現の自由に有利に調整している（最大判1969・6・25刑集23巻7号975頁）。名誉毀損の不法行為責任についても判例は同じ免責法理を用い

ている。こうした判例の姿勢は学説によっても支持されている。

2　ヘイトスピーチの規制・処罰についての考え方

(1)　特定の個人・団体に向けられているヘイトスピーチ

　ヘイトスピーチが特定の個人・団体に向けられる場合には、名誉毀損や侮辱、名誉感情の侵害に該当することがある。実際に、京都朝鮮第一初級学校事件では、同校に多数人で押しかけ、多数の児童がいる同校付近において、拡声器を使って侮辱的言辞を繰り返し怒号するなどして喧噪を生じさせたことが、威力業務妨害、当該朝鮮学校等に対する侮辱にあたるとして有罪とされるとともに、1200万円の損害賠償も命じられている。さらに、在日コリアンのフリーライターに対して街頭とネットで、「朝鮮ババア」、「ブスで性格悪くて朝鮮人って」等と中傷したことに対して不法行為として損害賠償が命じられている。京都朝鮮第一初級学校の跡地で、「ここに日本人を拉致した朝鮮学校があった」などと拡声器で演説したことが、学校法人京都朝鮮学園に対する名誉毀損罪にあたるとして50万円の罰金刑を科されてもいる。

　それに対して、特定の個人・団体に向けられたものでないヘイトスピーチは、名誉毀損・侮辱としての法的責任を追及することができない。そこで、こうした特定の個人・団体に向けられたものでないヘイトスピーチを禁止し処罰する法律・条例を制定することが、憲法上許されるか、問題となる。

　しかし、日本国憲法のもとで人種差別的な思想の流布や人種差別の歴史の否定を禁止し処罰することは、とうてい認められないであろう。それに対して、日本国憲法の下で許されるか否か立ち入った検討に値するものとしては、特定の個人・団体に向けられたものでない人種を理由とした差別や暴力の煽動の禁止や、特定の民族集団に対することさらな侮辱そのものの処罰が考えられる。

(2)　差別・暴力煽動罪

　諸外国では、人種差別や人種等を異にする集団に対する暴力行為の煽動を処罰する法律が見られる。たしかに、暴力行為や差別を受けないという「人権」を守ることは、表現の自由を制約する理由として認められよう。しかし、先にみたように「思想の自由市場」論からすれば、言論には言論で対抗するのが原則であるから、差別や暴力行為の煽動についても、少なくとも、言論が重大な害悪を発生させる蓋然性が明らかであり、かつ、害悪の発生が差し迫っている場合にのみ言論を処罰しうるという「明白かつ現在の危険」の基準が妥当すべ

きであることとなろう。

　それに対して、ヘイトスピーチについては「思想の自由市場」論、対抗言論の原則は妥当しない、あるいは、限定的にしか妥当しないという批判がある。すなわち、ヘイトスピーチを向けられた側は、それによって人格を傷つけられ反論することができなくなってしまう。対抗言論の原則が成り立つのは、当事者間に立場の互換性がある場合であって、ヘイトスピーチの場合には、プライバシー侵害表現の場合と同様に、当事者間に立場の互換性がない。マジョリティの中に同化して暮らさざるを得ないマイノリティは、反論することで自分の出自を認めることをおそれ沈黙せざるを得ない。反論しても偏見で凝り固まったマジョリティの側に反論に耳を貸す可能性があるか疑問である。強烈なレッテルを貼るヘイトスピーチがなされると、反論しても反論自体がそのレッテルの正しさを証明していると世間に受けとめられてしまうのであるから、そうした相手方の反論が意味をなさなくなるような誹謗は、思想の自由市場を破壊するものである、等々。

　しかし、そもそも「思想の自由市場」論においては、本来、だれでもが思想の自由市場に登場することを禁止されていなければよいのであって、表現行為のしやすさや思想内容の受け入れられやすさは問題とならない。それゆえ、実際に反論することが困難であるとか、反論が有効性をもたないがゆえに「思想の自由市場」論は十分には機能しないので、当該表現を禁止すべきだという主張は、国家の規制によって健全な思想の自由市場を確保しようとするものであって、「思想の自由市場」論に立つ表現の自由論に大きな修正を加えようとするものである。しかし、こうした立論を安易に認めれば、「『思想の自由市場』の実質的な保障」、「表現の自由を守るため」といった名目で、国家による広い範囲の表現行為の禁止が認められることになり、表現の自由の保障は大きく損なわれることになるであろう。それゆえ、こうしたことを理由とする「思想の自由市場」論の射程の限定が認められるためには、少なくとも日本において、今日、ある特定の少数者集団についてきわめて強い偏見がもたれているために、当該集団に属する者が反論するためにカミングアウトすることがきわめて困難であること、多数者集団の中から差別的表現に対して意味ある批判がなされるとはほとんど期待できないこと、差別的表現に対する反論や批判が聞き入れられるどころか、逆に市民の偏見を強化することになる可能性が高いことが、事実に基づき論証される必要があるであろう。しかし、今のところそうした論証は十分説得的になされているとは言い難い。

⑶　民族侮辱罪

　次に、特定の民族集団に対することさらな侮辱そのものを処罰する法律・条例が考えられる。侮辱を自己目的とするようなヘイトスピーチは、個人の人格の実現にとっても民主政治にとっても役立つことがないのであるから、価値の低い言論に属し、きわめて強い理由がなくても、かなり説得力のある正当化事由・対抗利益があれば、合憲的に禁止できる、という主張がされている。この主張は、表現の有する価値の高低ないし質によって表現を類型化し、「価値の低い表現」には強い保障は及ばないとするものである。しかし、表現の自由の保障の根幹は、伝わる価値がある（または高い）思想・意見・事実であるか否かを国家が選択してはならず、そうした選択は市民に委ねられるということである。それゆえ、裁判所という国家機関が、表現の自由の機能にとって役立つか否かで価値の高い表現と価値の低い表現とを分類することを認める立場には、疑問がある。それゆえ、差別的表現も他の表現と同様、例外的にどうしても必要な場合にだけ必要なかぎりで制約されるという立場が適切であろう。

　特定の民族を侮辱する表現についても、侮辱的表現の前提とされている主張（たとえば「○○人は知的レベルが低い」）について言論で対抗することができるし、差別そのものおよび侮辱的な表現を用いることに批判を加えることもできる。しかし、特にひどい侮辱的表現によって当該民族に属する人の名誉感情が著しく傷つけられる場合には、言論で対抗しても心の痛手は簡単にはいえない。そのかぎりでは対抗言論の原則の妥当性に限界はある。それゆえ、特にひどい侮辱的表現については、特定の民族に属する個人の名誉感情保護のために禁止することが許される余地があろう。ただ、特定の民族に対する特にひどい侮辱表現を当該民族に属する個人に直接向けられていない場合であっても処罰する法律・条例が許されるかどうかを判断するためには、日本における民族的マイノリティに対する差別の歴史と現状、当該民族を侮辱する表現がその集団に属する者に与える衝撃の程度、当該民族を侮辱する表現の頻度などを考慮する必要があろう。

Ⅳ 「答え」を導き出そう

1　条例が禁止する「不当な差別的言動」の類型

　川崎市の「差別のない人権尊重のまちづくり条例」が禁止していて、最終的に処罰の対象となりうるのは、「市の区域内の道路、公園、広場その他の公共

の場所において、拡声機……を使用し、看板、プラカードその他これらに類する物を掲示し、又はビラ、パンフレットその他これらに類する物を配布することにより、本邦の域外にある国又は地域を特定し、当該国又は地域の出身であることを理由として」、①本邦外出身者をその居住する地域から退去させることを煽動し、または告知すること、②本邦外出身者の生命、身体、自由、名誉または財産に危害を加えることを煽動し、又は告知すること、③本邦外出身者を人以外のものにたとえるなど、著しく侮辱すること、といった本邦外出身者に対する不当な差別的言動を行うことと、行わせることである（12条）。これらのうち①②は煽動であり、③は侮辱である。そこで、この2類型を処罰の対象とすることと表現の自由との関係について、先に確認したヘイトスピーチ規制についての考え方から検討してみよう。

2　煽動タイプ

　「川崎市差別のない人権尊重のまちづくり条例」解釈指針（以下、解釈指針と略）は、「生命、身体、自由、名誉又は財産に危害を加えることを煽動し」とは、「本邦外出身者の生命、身体等に危害を加えるよう、人に対し、その行為を実行する決意を生ぜしめ、又は、既に生じている決意を助長させるような勢のある刺激を与えること」をいうと、最高裁判決が前提とするのと同様の煽動の定義を採用している。そして、「本邦外出身者の生命、身体、自由、名誉または財産に危害を加えることを煽動し、又は告知する」の該当例として、「○○人を殺す」、「○○人を叩き潰せ」、「○○人は殺されても仕方がない」などを挙げている。だが、解釈指針は、ここで挙げられているようなことを言えばみな禁止される「本邦外出身者に対する不当な差別的言動」にあたるという趣旨ではなく、個別具体の言動が、本条の規制の対象に該当するか否かは、市長が、法務省人権擁護局の「参考情報」に留意し、1次判断を行い、川崎市差別防止対策等審査会の意見を聴いたうえで、慎重に最終判断を行うとしている。そして、法務省人権擁護局「参考情報」は、「個別具体の言動が、「本邦外出身者に対する不当な差別的言動」に該当するか否かは、「差別的言動解消法」の趣旨を踏まえて、当該言動の背景、前後の文脈、趣旨等の諸事情を総合的に考慮して判断されることになる」ので、「同一の文言であれば、常にその該当性の判断に変わりはないというものではなく、諸事情を勘案することにより、「本邦外出身者に対する不当な差別的言動」に該当するか否かの判断が異なることは当然あり得る」、としている。

　とすれば、川崎市は、例として挙げられた発言にあたるものが、単に勇ましいスローガンとして掲げられるにとどまらず、本気で川崎市において本邦外出身者の生命、身体などに危害を加えることをあおるものであり、実際に発言を聞いた者が本邦外出身者の生命、身体などに危害を加える行為に出る具体的な危険があることが必要であるという立場のように思われる。これをさらに一歩進めて、本邦外出身者の生命、身体などに危害を加える行為がなされる明白かつ現在の危険がある場合に初めて禁止された煽動行為に該当する、と限定して条例が解釈適用されることが期待される。

　「本邦外出身者をその居住する地域から退去させることを煽動し、または告知すること」についても、「〇〇人を川崎から叩き出せ」、「汚い〇〇人を駆除しろ」、「〇〇人から■■地区を取り返せ」という解釈指針が挙げる例に該当するだけで「本邦外出身者に対する不当な差別的言動」にあたるわけではない。本気で本邦外出身者をその居住する地域から退去させることをあおるものであり、実際に発言を聞いた者が本邦外出身者をその居住する地域から退去させる行為――本邦外出身者の居住する地域に押しかけ無理矢理退去させることのほか、居住する地域に押しかけ騒音を出し平穏な日常生活を損なうことなど――に出る明白かつ現在の危険があって初めて禁止された「本邦外出身者に対する不当な差別的言動」にあたる、と限定解釈が加えられるべきであろう。

3　侮辱タイプ

　解釈指針によれば、「本邦外出身者を人以外のものにたとえるなど、著しく侮辱すること」の「人以外のもの」とは、「衛生害虫（ゴキブリ、ノミ、ダニ等）、汚物その他著しく不快又は嫌悪の情を催させるようなもの」をいう。そして、該当する言動例としては、「ウジ虫〇〇人」、「ダニ〇〇人」、「〇〇人はごみ」が挙げられている。ただ、こうした例に挙げられている言動が、禁止される「本邦外出身者に対する不当な差別的言動」にあたるかは、「当該言動の背景、前後の文脈、趣旨等の諸事情を総合的に考慮して判断される」（法務省人権擁護局「参考情報」）。

　条例が禁止している侮辱は、インターネット上でなされるものなどは含まれておらず、「市の区域内の道路、公園、広場その他の公共の場所において、拡声機……を使用し、看板、プラカードその他これらに類する物を掲示し、又はビラ、パンフレットその他これらに類する物を配布することにより」なされるものである。実際、川崎市では、在日コリアンの集住地域にある社会福祉法人

に対する侮辱的な言動を伴うデモ行進が執拗に行われてきており、デモ行進を禁止する仮処分が下されている（横浜地川崎支決2016・6・2判時2296号14頁）。条例の文言・定め方や、川崎市でのこれまでのヘイトスピーチの実状を踏まえて考えれば、条例が禁止する「本邦外出身者を人以外のものにたとえるなど、著しく侮辱すること」は、川崎市の本邦外出身者の集住地域でなされ、特定の人や団体に向けられているのと同視できるようなものを指す、と限定して解釈すべきであろう。

［参考文献］

・安田浩一『ヘイトスピーチ——「愛国者」たちの憎悪と暴力』（文藝春秋、2015年）
・市川正人「表現の自由②——表現の自由と『人権』」『法曹実務にとっての近代立憲主義』（判例時報2344号臨時増刊、2017年）47頁
・金尚均『差別表現の法的規制——排除社会へのプレリュードとしてのヘイト・スピーチ』（法律文化社、2017年）
・法学セミナー編集部編『ヘイトスピーチとは何か』（別冊法学セミナー　新・総合特集シリーズ12）（日本評論社、2019年）、同『ヘイトスピーチに立ち向かう』（同13）（日本評論社、2019年）
・松井茂記『表現の自由に守る価値はあるか』（有斐閣、2020年）

2 情報通信
──リツイート、ナッジから見る 技術、仕様と人格的自律

立命館大学非常勤講師
上出 浩

I | 報道によると

1 「撮影者名トリミング　転載は『権利侵害』　最高裁判断 画像リツイートにご用心」（朝日新聞、2020 年 7 月 22 日）

　ツイッター上に無断投稿された写真をリツイート（転載）したら、自動的にトリミングされた形で表示され、撮影者名が見えなくなった──。その場合にリツイートした人が撮影者の権利を侵害したと言えるかが争われた訴訟の上告審判決で、最高裁第三小法廷（戸倉三郎裁判長）は21日、リツイートにより著作者の名前が表示されなくなったことについて、「著作者人格権」の侵害にあたるとの判断を示した。（中略）

　その上で、原告の写真家男性の請求を一部認め、リツイートした人のメールアドレスを開示するよう米ツイッター社に命じた二審・知財高裁判決を支持し、同社の上告を棄却した。

　ツイッター社が仕様を変更しない限り、今後は写真をリツイートしただけでも法的責任を問われる可能性があり、利用者にも著作者名の有無を確認するなどの注意が求められそうだ。

　トリミングは一定の画面に写真が収まるように自動的に処理されるツイッター上の仕様だ。それでも第三小法廷は、客観的にはリツイート行為で撮影者名が表示されなくなったことは明らかと指摘。同社は「画像をクリックすれば撮影者名の入った元の写真が表示される」と反論したが、利用者が常にクリックするとは言えないなどと退けた。

　裁判官 5 人中、4 人の多数意見。元外交官の林景一裁判官は「利用者に大きな負担を強いる」として反対意見を述べた。

　判決などによると、男性が自身のウェブサイトに載せたスズランの写真を、ある人物が無断でツイッターに投稿。さらに別の人物がリツイートし、「転載

厳禁」と書かれた上部と男性の氏名が書かれた下部が切り取られて表示された。男性は無断投稿とともに、このリツイート時のトリミングも問題視して、投稿者を特定するために提訴した。(阿部峻介)

2　「人の行動 変えるには　禁止でなく選択肢で『そっと後押し』」
（朝日新聞、2020年5月8日）

「帰省を控えて」ではなく「オンライン帰省を」、「外食しないで」ではなく「飲食は持ち帰り、宅配も」。新型コロナウイルスの感染拡大を防ぐ呼びかけは、今までと少し違う印象の文言や伝え方が目立つ。外出禁止など強い法的措置をとらず、どうやって多くの人に行動を変えてもらうか。「ナッジ」と呼ばれる工夫が生かされている。(寺西和男)

ナッジ（nudge）とは、ひじで軽く押すという意味の英語。「○○せよ」「○○するな」など行動を制限する規制と違い、選択の自由を残しつつ望ましい方向へとそっと後押しする取り組みだ。補助金などに頼らず、行動を促せる。

「ナッジだけですべての人の行動を変えるのが難しいことは事実だが、私たちの行動変容でしか感染を減らすことができない」

そう説明するのは大竹文雄・大阪大教授。人との接触を減らす「10のポイント」をまとめた政府の専門家会議に、行動経済学を研究する立場から助言している。オンライン帰省の呼びかけなど10項目は、ナッジの考え方を生かしているという。

「仕事は在宅勤務」「待てる買い物は通販で」「筋トレやヨガは自宅で動画を活用」など、選択肢を示して禁止を前面に出していない。大竹教授は「（禁止は）普段している行動ができないという一種の損失感を持つため、行動自粛がつらいことになる。損失を大きく嫌うという人間の特性が出てきて行動変容が難しくなる」と指摘。具体的な場面での望ましい行動を端的に示し、損失を感じさせない伝え方にしたという。

（中略）

宇治市は庁舎内のトイレでもナッジを活用。「となりの人は石鹸（せっけん）で手を洗っていますか」と書いた新しいポスターを3月上旬から貼った。竹内幹・一橋大大学院経済学研究科准教授のリポートを参考にしたという。

竹内氏によると、英国の高速道路サービスエリアのトイレで、様々なメッセージを電光掲示板に流してせっけんの使用頻度を比べた研究成果がある。先のメッセージだと男性では頻度が12%増え、最も効果的だったという。「人から

見られているという意識が高まり、手洗いを促す効果がある」と指摘する。

　感染拡大を防ぐためのナッジ活用について、大竹教授はこう指摘する。「プライバシーを守りつつ、法律で外出も禁止しないで、私たちの行動変容をする。新型コロナの時代の社会規範を作り出すことが、日本では特に重要だ」

■ 都合良い誘導への懸念も

　ナッジは行動経済学で注目されてきた考え方だ。経済行動を心理学を使って分析する学問で、米シカゴ大のリチャード・セイラー教授が2017年にノーベル経済学賞を受賞して話題を集めた。政策にも生かす動きが国内外で広がる。

　日本では環境省などを中心に、官民の協議会「日本版ナッジ・ユニット」を17年に設けた。今年5月からは、ナッジを生かしたコロナ対策の取り組みを全国から募り始めた。

（以下略）

> 【関連条文】
> 憲法13条　すべて国民は、個人として尊重される。生命、自由及び幸福
> 　　追求に対する国民の権利については、公共の福祉に反しない限り、立法
> 　　その他の国政の上で、最大の尊重を必要とする。
> 19条　思想及び良心の自由は、これを侵してはならない。

Ⅱ 何が問題なのか

　前半の記事は、あるユーザーが画像をリツイートしたところ、公開元オリジナル写真にあった「©」と共に記された撮影者氏名が、ツイッターのシステム上の仕様によりトリミング（切り取り）され表示されなくなったことに対し、最高裁が、当該リツイートによる著作者人格権のうち著作権法19条に定める氏名表示権等の侵害を理由に、特定電気通信役務提供者の損害賠償責任の制限及び発信者情報の開示に関する法律（以下、「プロバイダ責任制限法」という）4条1項に基づき、リツイートに係る発信者情報（メールアドレス等）の開示を命じた（最三小判2020・7・21裁時1748号3頁）ことを報じている。

　記事では事実関係がわかりにくいが、まず撮影者（著作権者）がオリジナル写真のすみに「©」と氏名を付加して自分のウェブページに掲載したが、これを無断で元ツイートをした者がおり、この元ツイートをした者は当然に著作権侵害者とされている。焦点は、元ツイートをリツイートした者たちが、リツイートに伴うトリミングによってそのタイムライン上の当該画像に撮影者氏名が表示されなくなったことについて、氏名表示権を侵害したといえるか、故に発信者情報の開示をツイッター社に命じることができるかであった。

　この最高裁の判断に対する評価を行うにあたっては、いくつかのアプローチが考えられる。たとえば、ツイッターは「国内だけでも約4500万人が利用している」表現ツールであることに着目し、表現の自由の問題として扱うことも（本書「1　表現の自由」を参照）、著作者人格権侵害、つまり著作権法上の問題として扱うこともできる。サービス提供米国法人関連日本法人へのプロバイダ責任制限法による請求の可否、あるいは当該法律自体、更には発信者情報を公開される当事者による反論があり得ない場での裁定、この問題に対し最高裁が現時点で本件を用いて違法判断を下すことの妥当性などを論じることもできるであろう。

　しかし本稿では、ナッジに関する後半の記事などを手がかりに、少し異なるアプローチを試みる。表現の自由や著作権法、プロバイダ責任制限法などの問題として論ずるための言わば基本的視座の提供を試みてみたい。

　具体的には、技術（サービス）利用者の責任のとらえ方における支配と自由、権利と責任との関係についての現代的暫定的整理であり、仮定的な1つの評価枠組みの提示を目指そうと思っている。自律的な個人であるはずのユーザーがある仕様を受け入れるとき、問われるはずの責任のあり方を探ろうとするも

のである。

Ⅲ｜考えてみるには

1　従来の枠組みとの相違

　これまでの憲法学は、国家による強制の有無をメルクマール（基準）として人権侵害をとらえ、その救済・防御に努めることをその中心に据えてきた。これに対し後半ナッジの記事で表されているようにコロナ禍対応については、要請や指針が多用される。これらは権力的強制によらない統治手法の存在、よって従来型とは異なる人権や自由侵害の存在可能性を示唆し、ナッジも含め、統治作用と自由制約の多様性をも視野に入れた総合的検討を迫っているように思われる。

　それに対し、前半の記事では、最高裁が、利用する民間情報通信サービスの仕様であったとしても画像のリツイートによって生じた結果について利用者は権利（著作者人格権）侵害の責任を負わなければならないとしたことを示す。情報通信サービスの仕様は通常、選択の余地がほとんど無いうえ、変更されていくが、その仕様を受け入れるか、そのサービス利用を断念するかの選択肢しか無い場合も多い。むしろその仕様が画一的で選択する必要が無い気楽さから幅広く利用され浸透するサービスも多く、ツイッターもその１つといえるだろう。本判決は世界で３億人を超えるユーザーを誇り、各国首脳も用いる表現の１つの巨大なプラットフォームとなったサービスにおける仕様と利用と責任を最高裁として一旦整理したものといえるだろう。

　仕様を受け入れた利用者の責任に対するこの最高裁判決を評するには、背景にある技術とその利用の性質に対する評価が必要で、その評価のためには統治作用を含めた行動制御の多様性を認識する必要があるであろう。

2　憲法による条件・環境整備

　ところで、ナッジは記事でも「選択の自由を残しつつ望ましい方向へとそっと後押しする取り組み」とされているが、そこには人の行動における「心理」的傾向が利用されている。

　何らかの状況に置かれると「好ましくない」方向へ向かうため、つまり人々の一定の「心理」的傾向により弊害を引き起こす蓋然性が高いため、そのような状況を回避させようとする試みは日本国憲法の条文の中にも見出すこともで

きる。

たとえば、「社会における弱い地位にある者が自由に、その本心にもとづいて投票できるようにする」ため（宮沢・コメ225頁）15条４項には秘密投票が定められている。投票内容と投票者の結びつきによる買収や強要などを防ぐためとされるが、金銭等による誘惑や、恐怖心から逃れられない性（さが）を見越したものともいえる（すべての投票者がこれらに負けない高潔さを有していたら、この規定は必要が無いかもしれない）。憲法57条には両議院の会議の公開が定められつつ、議決による秘密会開催を可能とする規定がある。これは通常、外交・防衛上の秘密や出席者等のプライバシー保護のためとされるが（新コメ496頁）、諸般の圧力、監視や視線を一時的にでも遮ることによる、自由な討論の実質的確保にむけた条件、環境整備とも考えられる。82条には、裁判の対審、判決の公開が求められる一方で、裁判官全員一致で「公の秩序又は善良の風俗を害する虞がある」とされた場合での対審の非公開を定めている。公序良俗への影響の他、被害者保護、情報公開請求の場合などがその例とされるが（新コメ653頁）、証言内容や証言した事実を隠すことにより監視と圧力から解放された真実の証言を得、公正な審理を確保しようとしているとも考えられる。逆に、そのような事情が無い場合には公開が、公正な裁判を保障する条件とも言え、公開が求められている。証人尋問などにおいては、犯罪被害者保護のためビデオリンク方式、遮蔽装置などが用いられる場合もある（百選Ⅰ No. 86・404頁参照）。これらは、望まれる結果を得るための条件あるいは環境整備ととらえることができる。

3　視線とアーキテクチャ論

以下、人の行動を統制する条件・環境整備に関わって、アーキテクチャ論の理論的潮流の整理を、いち早く法とアーキテクチャを総合的に論じた論集である松尾陽編『アーキテクチャと法』（弘文堂、2017年）の第１章、松尾陽「『法とアーキテクチャ』研究のインターフェース」を借りながら見ていくことにする。

上記の条件・環境整備はいずれも、見られること、知られることからくる弊害を防ごうとする、あるいは隠されることによる弊害を防ごうとするものである。前掲ナッジの記事にもトイレの手洗いにおける石けんの利用について、「人から見られているという意識が高まり、手洗いを促す効果がある」と評されている。他人の視線を意識させることにより、人の行動を変えることがで

るとして、視線が意識されるという状況を整えていると言える。

　視線は、ナッジ以前にも監視社会の問題として認識されてきた。オーウェル（Geroge Orwell, 1903-1950〔本名：Eric Arthur Blair〕）の『1984』に登場する「ビッグ・ブラザー」が良く引き合いに出されるが、オーウェルの著した状況、街中どころか家の中にまで配置された監視の目に常に曝されることを義務づけられた状況が、現在生まれつつあるともいわれる。膨大な数の監視カメラの存在は、私たちに「ビッグ・ブラザー」の視線を想起させるのである。

　また、フーコー（Michel Foucault, 1926-1984）は、ベンサム（Jeremy Bentham, 1748-1832）の効率的な囚人監視のための監獄設計である「パノプティコン」を近代管理システムの範として紹介している。監視社会とプライバシーとの関係については本書「3　プライバシー」に譲るが、フーコーが、現実に監視されていなくても、いつ監視されているか分からないことによって囚人が監視者の視線を常に意識せざるを得なくなり、囚人は懲罰を恐れ、自らを律し、制御し、よって監視者の規範を自らに植え込んでいくとの分析が『監獄の誕生』で行われていることに留意すべきである（『監獄の誕生』第3部）。ベンサムの監獄設計は、被監視者による内省と、それに基づく監視者側が求める規範の被監視者による内面化の必要十分な条件整備であったといえる。フーコーはこれに続く近代管理システムとして学校や病院を挙げている。

4　身近な条件・環境整備

　条件・環境整備による行動の制御はその他にも多数ある。通学路で車道を狭く、あるいはクランクを付けてラインを引くことにより、視覚効果から自動車の速度を落とすことができ、安全性が向上するとされて実施されてきた例などは、意識すればあちこちに見出せる。ナッジの記事では引用したほかに、コロナ対策として役所の入り口に消毒液へと誘う黄色い矢印が一定の効果を上げ、活用が全国に広がっていることが報告されている。新名神などの高速道路のトンネルを走れば、緑色などの光りの輪が一定速度で追いかけ追い越していったりする。渋滞解消のための誘導とされる。

　このような、ナッジ、監視の視線、条件・環境整備（視覚効果等）を、国家による強制を基準とする人権侵害論にそのまま持ち込むことは難しくはあるが、無視できなくなりつつあると思われる。

　ナッジに近い誘導は、「おすすめ」として、私たちの利用するWebページにも現れる。閲覧履歴やビッグデータを駆使して、購入意欲をかき立てるようカ

スタマイズされた広告が、サイトを横断して表示される。ポータル・サイトに表示されるニュースでさえ、私たちの趣向を分析した結果である。ターゲットの趣向に合わせ、個別化され、選択された情報が私たちの眼前には現れており、あたかもそれ以外の世界が存在しないかのようである。

5　レッシグからの系譜

　このような daily me とも言われる状況、そしてそれがもたらすカスケード効果の民主主義への危険性を説いたのは、ナッジについてもいち早く論じて法学界に広めたサンスティン（Cass R. Sunstein）であった。表現の自由に関わる部分は、本書「1　表現の自由」に、民主主義に関わる部分は本書「13　民主主義」に譲るが、更に源流をたどると憲法学においてこれらの議論の基盤を整備したのは、レッシグ（Lawrence Lessig）であり、その刺激的な著書『CODE』であった。日本においてはインターネット普及期の2002年公法学会で松井茂紀が詳細に報告をしている。『CODE』では daily me などに関わる情報伝達の上流におけるフィルタリングが問題視され、新たな情報操作権力の登場が懸念されているのであるが、レッシグのもう1つの貢献は、その書名にもある「CODE」の概念を拡張したことにある。レッシグは人の行動を制約する手段として、法、市場、社会規範、アーキテクチャの4つを挙げるのであるが、ネットの世界（サイバー・スペースとも呼ばれた）では CODE（コード：サービスを動かすプログラム・コード）こそが決定的で、まさに CODE（法典）であることを示した。サイバー・スペースでは何ができて何ができないのか、つまり仕様はプログラム・コードによって決められており、物理世界における法と同様、あるいはそれ以上にサイバー・スペースにおける可能性を左右する。この CODE こそがサイバー・スペースの法であり権力であるとし、新たな自由空間の確保のため、民主主義過程を通じた現実世界の法律による規制が必要であると説いたのである。この頃から法学界もこのテーマについて、憲法や法律など実定法を超える検討を積極的に始めたといえ、法学分野におけるアーキテクチャ論は、概ねこの系譜に属するといえるであろう。

6　課題の再設定

　ここで改めてアーキテクチャと法との相違を整理して、課題を明確にしておこう。松尾陽の1つの整理に従えば、法は言語を使って事前に人々に訴えかけ、人々が意識的に判断して従うコミュニケーション型であるのに対し、アー

キテクチャは脱コミュニケーション型とされ、特に物理的なアーキテクチャは身体へと直接に訴えかけるもので、したがって無意識的に従わされるものである。そこに意識的な判断は存在しない。松尾はアーキテクチャによる条件整備によって導かれる行動制御は、それが環境の整備という間接的な統制であるため、直接的な規制を標的にしてきた権利・法益が有効に作用し得ず、間接的な（対象者の無意識下で実現される）行動制御を視野に入れた権理論を再構築する必要があるとしている（前掲・松尾27頁）。

　本稿に関わる形でやや強引に整理し直すと、法による行動制御は、意識ある主体としての人を前提に、その判断を迫りつつ用いられる手法であるのに対し（したがってその命令に逆らう判断の余地は、程度の差こそあれ存在する）、アーキテクチャによる行動制御は、無意識下、身体への直接的な働きかけであり、意識あるいは主体的判断を必要としない手法であるといえる（東浩紀『規律訓練から環境管理へ』中央公論2002年 9 月号254頁も参照）。小石のようなものが顔に向かって飛んできた場合、自然とよけるのであり、わざわざよけようと意識しているわけではなく、このような自然的傾向や人々の行動において一般的に現れる傾向、「心理」的傾向を利用するのがアーキテクチャによる行動制御である。法が前提とする意識を持った主体というより、身体機械的な扱いともいえる。

　ただし、アーキテクチャは自由を剥奪すると同様、これまでできなかったことを実現するという意味で、自由を構築する力も備えていることをも確かである。いずれにせよ強い支配力を持つが、飛んできたものを野球選手やサッカーのゴールキーパーは捕るかもしれないという一般的傾向からの逸脱があり得ること、また逆に意識的に行動していてもそこには本人も気付かないパターンがあり、ビッグデータを分析した AI にその傾向を見破られることもしばしばあるが、やはりそこにも例外があることには留意が必要ではある。

7　責任と環境

　ところで、権利と責任は表裏の関係にあるともいえる。自由な選択が可能な代わりに、その選択がもたらした結果の責任は負わなければならない。その選択において法は、意識的な選択、すなわち故意の選択を中心に、選択者に責任を負わせてきた。過失責任については、注意義務を怠ったためであるとされるが、換言すれば十分な意識をすべきところを意識しなかったために負わなければならない責任である。責任概念は主体的な意識を中心に構成されていると言ってよい。意識を中心に据えることから、そこに予見可能性が生まれ、主体的

判断を問うことができると言えるだろう。一般に意識的な主体性が認められない限り、責任は負わされない（民事法、刑事法における意思能力、責任能力などについての議論も参照のこと。なお、認知神経科学における議論はここでは触れない）。

　いったい、アーキテクチャによる制御は人を意識的な主体として捉えた手法なのか、人としての扱いとして許されるのかとの疑問は湧くのであるが、それは別途論じることとして、ここではリツイートに関する最高裁判決の評価に必要な指摘に留め憲法の基本を確認しておきたい。

　まず、日本国憲法が13条にも明確に個人の尊重をうたい、その主体性を可能な限り広く厚く保障し、また主権者として位置づけていることを忘れてはならない。一人ひとりが「人間性」を備えた「人格的自律の存在」（まま）として（佐藤・憲法・392頁）、「自らの生の作者である」ことを前提に（前掲・448頁）、その主体性を出発点としなければならない。

　この点からしても、最高裁判決の評価に関し、置かれた環境（条件）において、利用者がその責任を意識できるか、あるいは意識すべきかが1つの評価基準になり得るように思われる。もっとも、これは言わずもがなの当然のことであって、特別なことではない。問題は当該環境を評価するための考慮要素として何を採用するか、そのうえで当該利用者をどのような存在としてその場に置くか、である。そして、これらは相関関係にあるが、何を中心に据え、評価を行うかである。

Ⅳ　「答え」を導き出そう

1　内心の自由とピアノ伴奏

　Society 5.0 が目指され、DX（デジタル・トラスフォーメイション）が進展するなかで、種々登場する諸技術の利用者をどのようにとらえるかは、自由と権利を確保しようとする憲法学や裁判所にとって非常に重要で、将来の人権地図に大きな影響を及ぼす問題である。

　ここでは最高裁による利用者の位置づけを評価するために、主体的な自律的個人である利用者をもう少し深く掘り下げ、個人の内心を覗くことにする。意識、主体的判断などは、外部世界と相関しながら内心において形作られるからである。内心の自由は憲法が保障する諸々の行為の自由、主体性の源泉として、憲法19条を中心に定められている。

　内心の自由のうち良心の自由に関わり、君が代ピアノ伴奏事件において最高裁は、音楽教諭による卒業式におけるピアノ伴奏拒否に対し、卒業式におけるピアノ伴奏は音楽教諭にとって通常の想定される業務の範囲内であり、他者からも君が代を賛辞するような一定の思想あるいは良心の表明とは受け取られず、たとえ本人の内心に反することがあってもピアノを伴奏せよという職務命令に非はない、としている（最三小判2007・2・27民集61巻 1 号291頁）。ここにおいても状況（環境・条件）の評価を行い、その場にピアノ教師を置こうとしているが、評価、特に他者からの評価に重点が置かれ、その意味で主体ではなく、状況に重心をおいて結論が導かれているように思われる。教員の機械化とまではいわないまでも、教育現場での重要な儀式秩序維持を強調し、少なくとも教員の主体的判断を尊重すべきものとして見ているようには思えない（教育権の問題については、ここでは触れない。あくまでも構造として見ておく）。

2　主体性

　指摘しておいたように、特定の情報通信サービスにおける利用は、一般に選択の余地はそれほど無い。従順に仕様通りに利用するしかないような中で、敢えて画像のリツイート元の出所や掲載の可否の確認を求めて、それを怠ることによる責任を問うていることは、最高裁が卒業式で音楽教諭にその意思に反してでもピアノを弾くべきであるとすることと矛盾するように思われる。まるで職務命令下というアーキテクチャのように従うしかない状況で、教員には判断を持ち込まずに従えと命じながら、ユーザーには主体的判断を十分に行えと命じているように見えるからである。もちろん内容と状況が大いに異なるが、構造がまったく異なるとも言えないであろう。

　本稿の限定した枠組みのなかでは、卒業式において音楽教諭にその意に反してピアノ伴奏を強要することは許されず、ツイッター利用者に引用元について確認を求めることは許されることとなるだろう。両者の逃れづらさの類似性を見つつ、それでも対象者を意識ある主体的な自律的個人と見て尊重し、状況・環境の中に埋没させないでおこうとするからである。

　卒業式における君が代斉唱の可否は置いたとして、君が代斉唱は生演奏でなくとも可能である。スポーツの大会など多くの場面で録音が流される。わざわざ人にピアノ伴奏をさせるのは、音楽教諭がまさに意思を持つ人だからこそ、意思を持って主体的に伴奏していることを見せようとせんがためとも考えられる。問題はその意思を尊重しないこと、つまり主体的な自律的個人として尊重

しないことである。ナッジでもなく、職務命令によって直接的権力的にその意思に反して行動することを強制している。これは意識ある主体の都合の良い道具的な利用で、許されない不当な扱いのように思われる。代替手段がまったく無いわけでもなく、命令ではなく説得を試みるのが筋なのではなかろうか。

3　リツイート

　ツイートやリツイートは、コミュニケーションを行い、自らその思いを表現するものである。ツールが変わってもそのユーザーは能動的な表現主体であるととらえるべきであろう。能動的な主体と見る限り、その選択に対する責任を負わせることが正当な扱いであると言えそうである。

　また、その状況からも同じ結論となる。最高裁も強調するように卒業式は重要な教育の場であり、主体的な人格養成の場である。その場で、教員の良心をねじ伏せてしまう、主体性を取り除いてしまうことは許されないように思われる。それではフーコーの指摘のごとく、学校が近代管理システム浸透のための養成機関となってしまうのではないだろうか。

　他方、リツイートの場面では、仕様であるが故に逆らえないアーキテクチャのように見えるが、画像のリツイートをするかしないか、そのツイートの仕方も含め（単独写真ではなく、写真家としての紹介など）、実はまだ選択の余地が存在する。一定程度以上に選択の余地があるならば、少なくともその選択はその者が行ったとするべきであろう。魅力的なサービスの提供が行われたとしても、通常、使うべきかどうかは選択することができる。その選択の責任も負うべきであろう。

　これに関わり状況判断に勘案されるべき事由としては、その普及率や代替可能性等も含まれる。普及については最高裁も言及するところである。圧倒的な普及により、相応の代替手段もなく、選択の余地がほぼ無いという場合は上記の理解は当てはまらないかもしれない（この点からは情報通信ツールなどの国による「公定」、「推奨」、独占の放置などが改めて問い直されなければならないことが分かる）。

4　主体性の維持

　主体と環境・状況は相関関係にあるが、状況を重視し、主体を単なる客体に追い込み、状況に埋没させることなく、アーキテクチャの中でも人を主体的な自律的個人として尊重し、意識ある生あるものとして中心に据えて評価すべき

であるといえるのではないだろうか。このように考えてきた場合、ユーザーも情報通信サービスの利用においても主体として扱われる自覚をもって責任を負うべきと考えるべきではないだろうか。

　そうであるとすると、仕様とはいえ、表示された著作者の氏名が消え、著作者の主体的営為（撮影にまつわるもろもろのいとなみ）と著作者が切り離される事態をユーザーは主体的に思い留まるべきだったのであり、その選択の責任は負うべきものと考えられる。

　また、そのサービスから利益を得るサービス提供会社には、戸倉三郎裁判官補足意見にあるように、「社会的に重要なインフラとなった情報流通サービスの提供者の社会的責務という観点からも、上告人（ツイッター社：引用者付加）において、ツイッター利用者に対する周知等の適切な対応をすることが期待される」が、そうかといって「個々のツイッター利用者の意識の向上や個別の対応」を軽視しないことが、主体的なユーザー、主体的な自律的個人養成、ひいてはその尊重に資するのではなかろうか。表現の自由に十分配慮をしなければならないが、責任を免れさせるだけが人格的自律の存在に対する尊重ではないように思われる。

　技術サービスはまさにアーキテクチャであり、環境であり、条件で状況である。人の主体性を奪おうとするアーキテクチャが存在し、あるいはナッジが多用されるなか、あくまでも主体的な自律的個人を中心にとらえた評価、さらには主体的な自律的個人確保・確立に向けた立論が必要なように思われる。PbD（プライバシー・バイ・デザイン）の例が示すような設計へのフィードバックも必要であろう。また、SNS運営会社などによる「検閲」の是非も慎重な検討を要する。

5　見つめなおす

　ここまで個人の尊厳、人格的自律に軸足を置いて検討してきたが、大屋雄裕は「浸透する監視と配慮は、『個人』という夢が破れたことの必然的帰結」であり、「自由で自律的な自己決定的『個人』という美しい夢」が20世紀において既に敗北し、21世紀には「新たな統制モード」が求められているとの認識を示して、新たなモデルを模索する（大屋雄・後掲文献16頁以下）。技術革新を伴いつつ社会が変容し、AIなど新たな主体も登場する中、アーキテクチャ論は人を見つめ直すことを迫っているのである。理念、そして自らさえも見失わないために、地歩を占めるべき時が来ている。

[参考文献]

・ローレンス・レッシグ（山形浩生他訳）『CODE──インターネットの合法・違法・プライバシー』（翔泳社、2001年）
・キャス・サンスティーン（石川幸憲訳）『インターネットは民主主義の敵か』（毎日新聞社、2003年）
・西原博史『良心の自由と子どもたち』（岩波書店、2006年）
・大屋雄裕『自由か、さもなくば幸福か？──二一世紀の〈あり得べき社会〉を問う』（筑摩選書、2014年）
・山本龍彦編著『AIと憲法』（日本経済新聞社、2018年）

3 プライバシー
——位置情報のプライバシー性と GPS 捜査

帝塚山大学教授
羽渕雅裕

I │ 報道によると

1 「令状なし GPS 捜査　違法　最高裁初判断　新法の制定促す」
（読売新聞、2017年３月16日の紙面から抜粋）

　裁判所の令状なしに、捜査対象者の車に全地球測位システム（GPS）の端末を取り付けた捜査手法の是非が争われた刑事裁判の上告審で、最高裁大法廷（裁判長・寺田逸郎長官）は15日、「違法」とする判決を言い渡した。GPS 捜査について「プライバシーを侵害し、公権力による私的領域への侵入を伴う」とし、令状が必要な強制捜査にあたるとの初判断を示した。その一方、現行法では極めて例外的なケース以外は令状取得は認められないとし、新たな立法措置を促した。判決を受け、警察庁は全国の警察本部に GPS 捜査を控えるよう通達した。

　15人の裁判官全員一致の意見。うち３人は補足意見で「法制化までの間、重大犯罪などでの GPS 捜査が全く否定されるべきではない」と述べたが、判決は令状取得を事実上、困難にする内容で、通信傍受法のように捜査手続きを定めた法律が成立しない限り、GPS は使えなくなる。組織窃盗などで多大な効果を上げてきた捜査手法は大きく制約されそうだ。

2 「GPS 捜査、自粛指示　警察庁『一番厳しい判決』」
（朝日新聞、2017年３月16日）

　「いくつか想定していた中で、一番厳しい内容だ」。警察庁幹部は判決を重く受け止めた。同庁は判決を受け、車両への GPS 捜査を控えるよう全国の警察に指示した。

　警察庁は GPS の使用を令状なしにできる任意捜査と位置づけ、2006年６月に運用要領を都道府県警に通達した。「他の捜査では追跡が困難」などと要件

を定め、略取誘拐、逮捕・監禁、強盗・窃盗などのほか「社会的危険性や社会的反響が大きい犯罪」も対象にしてきた。判決をうけ、同庁は要領の見直しを検討する。誘拐や監禁では被害者の居場所が分からないケースなどを想定したとみられるが、捜査関係者によると、窃盗事件がほとんどだという。

　ある捜査幹部は GPS を使った捜査の実情を明かす。民家を狙った連続窃盗事件。犯行グループは高速道路だけではなく市街地の一般道でも時速150キロ以上で逃走。地下部分に分岐点があるルートを選び、追跡をかわす。途中で車両のナンバーを付け替える。メンバーは DNA の試料を残さないため、髪の毛や皮膚片などを現場に一切残さないよう頭や顔や手を布で覆うこともあったという。

　捜査幹部は「尾行や犯行場所を予想して待ち受ける捜査、遺留物からの割り出しなどでは逮捕できない事件に限り、最後の最後の手段として GPS を使ってきた」と強調する。ただ、別の幹部は「要件を厳しく定めたが、現場では安易に使っていた面もある」と言い、「手法を取り入れた頃に比べて位置情報の精度が上がり、プライバシーに対する考え方も変わった」と話す。

　警視庁の捜査幹部は「犯罪者から国民の財産を守るのが警察の仕事だ」と話す。今回の判決で GPS が使えなくなると検挙が困難になると言い、「どれだけの店や車両が壊され、財産が奪われるのか、想像してほしい」と訴える。窃盗担当の捜査員は「捜査手段が縛られ、手足をもがれたカニと一緒だ」と困惑。「警察が GPS を使えないことに乗じて犯行を加速させる可能性がある。何か次の手を考えなければいけない」と話した。（編集委員・吉田伸八）

【関連条文】

憲法13条　すべて国民は、個人として尊重される。生命、自由及び幸福
　　追求に対する国民の権利については、公共の福祉に反しない限り、立法
　　その他の国政の上で、最大の尊重を必要とする。

35条１項　何人も、その住居、書類及び所持品について、侵入、捜索及
　　び押収を受けることのない権利は、第33条の場合を除いては、正当な
　　理由に基いて発せられ、且つ捜索する場所及び押収する物を明示する令
　　状がなければ、侵されない。

Ⅱ ｜ 何が問題なのか

　刑事ドラマをみていると、犯人を尾行しているシーンを目にすることがある。見失ったときにはまたやり直しといったところだが、そんなときのためにGPS端末を犯人の車に取り付けるということも技術的には可能となっている。新聞記事にもあるように、警察がGPS端末を犯人の車に取り付け、その位置情報を確認し、行方を追うという捜査（以下、「GPS捜査」という）が実際に行われていたことが明らかになっている。

　犯人を捕まえることは、いうまでもなく重要である。犯人が捕まるのであればそれでよいのではないか、と思われるかもしれない。しかし、警察が恣意的な捜査を行ったり、そのことによって国民のプライバシーが侵害されることがあってはならないし、それが事件と無関係の人であればなおさらである。そこで、憲法35条１項は、令状がなければ「住居、書類及び所持品」について侵入、捜索、押収を受けない権利を保障している。今回の事件では、令状なくGPS捜査を行っていたことが問題とされ、最高裁はそれに対して違法との判断を示したのであった（最大判2017・３・15刑集71巻３号13頁）。

　しかし、よく考えてみると、尾行の場合は令状なく行われている。同じ犯罪捜査であっても、それがGPS捜査になるとどうして令状が必要になるのだろうか。刑事訴訟法197条１項は、「捜査については、その目的を達するため必要な取調をすることができる。但し、強制の処分は、この法律に特別の定のある場合でなければ、これをすることができない。」と規定する。強制処分とは何か。最高裁は、「個人の意思を抑圧し、身体、住居、財産等に制約を加えて強制的に捜査目的を実現する行為など、特別の根拠規定がなければ許容することが相当でない手段を意味する。」（最三小判1976・３・16刑集30巻２号187頁）とし、有力説は、「重要な権利・利益に対する実質的な侵害ないし制約」（井上正仁『強制捜査と任意捜査〔新版〕』〔有斐閣、2014年〕12頁）を意味するとしている。つまり、GPS捜査の場合は、個人の意思に反しプライバシーという重要な権利を侵害するものだと判断されたということであろう。一方、尾行の場合はそうではないと考えられていることになる。

　そうすると、ここでの問題は、GPS捜査がプライバシーを侵害するものなのかどうかということになる。もしGPS捜査がプライバシーを侵害するものでなければ、任意処分だということになり、尾行と同じく令状は不要だということになる。しかし、GPS捜査がプライバシーを侵害するものだとすれば、

強制処分だということになり、令状が必要になるか、あるいは法律を制定することが必要になる。では、プライバシー侵害とはどのような場合のことをいうのか。また、GPS 捜査はそれに該当するのか。該当するのだとすれば、どのような法律を制定することが求められるのか。憲法学の視点から考えてみよう。

Ⅲ　考えてみるには

　プライバシー侵害とはどのような場合をいうのか。これを考えるためには、プライバシーの権利とはそもそもどのような権利なのかということが、まず問題となろう。

1　憲法35条とプライバシーの権利

　憲法35条 1 項は、「住居、書類及び所持品」について、令状がなければ侵入、捜索、押収を受けないことを権利として保障している。これは「自由な私生活の場である住居などについて不合理な国家的介入を受けないことを保障するもの」(市川・基本講義198頁)であるが、GPS 端末の取り付けがここでいう「住居、書類及び所持品」に該当するのかが問題となろう。この点、最高裁は、「この規定の保障対象には、『住居、書類及び所持品』に限らずこれらに準ずる私的領域に『侵入』されることのない権利が含まれるものと解するのが相当である」と指摘し、令状主義の観点から憲法35条を適用している(前掲最大判2017・3・15)。この判断を評価する見解もあり得るが、同時に「35条は捜査の対象が『有体物』であることを前提に非常に厳しい手続的・実体的拘束をかけている規定と解すべき」(市川・基本講義198頁)とする立場からは批判もあり得よう。

　いずれにせよ、憲法には35条のほかにも通信の秘密を保障した21条 2 項、幸福追求権を保障した13条など、プライバシーに関する規定があり、憲法35条は「『通信の秘密』(21条 2 項)と並んで、プライバシーの特定態様を保障したもの」(高橋・憲法306頁)で、「これらの条項が妥当しない場合に補充的に13条が適用されることになる」(市川・基本講義199頁)とされる。強制処分が「重要な権利・利益に対する実質的な侵害ないし制約」を意味し、GPS 捜査がそこでいう「重要な権利・利益」を侵害するものかどうかを考えるには、プライバシーの権利が一般論としてどのようなものだと考えられてきたのか、憲法13条におけるこれまでの議論をみてみることが有用であろう。

2　プライバシーの権利の定義

　プライバシーの権利は、19世紀末のアメリカで登場した概念であり、当初は「ひとりで放っておいてもらう権利」と定義された。日本においても、「宴のあと」事件において、「いわゆるプライバシー権は私生活をみだりに公開されないという法的保障ないし権利として理解される」（東京地判1964・9・28下民集15巻9号2317頁）とされ、主として私生活上の自由だと理解されてきた。最高裁も、「憲法13条は、……国民の私生活上の自由が、警察権等の国家権力の行使に対しても保護されるべきことを規定しているものということができる」（最大判1969・12・24刑集23巻12号1625頁〔京都府学連事件〕）と述べている。これによると、プライバシーの権利によって守られるのは私生活であり、プライバシーの侵害となるのかどうかは公か私かによって判断されることになる。

　しかし、自宅のような私的な空間から一歩外に出れば、人は一切プライバシーを失ってしまうのであろうか。また、現代国家の管理化傾向の増大や、いわゆる高度情報化社会などと呼ばれる現状を考えると、私生活上の自由を保障するだけでは不十分ともいえる。そこで、現在においては、「自己の存在にかかわる情報を『どの範囲で開示し利用させるか』を決める権利」（佐藤・憲法論203頁）、「自己に関する情報を他人が取得収集し、保有し、利用し、提供することに対しコントロールを及ぼすことができる権利」（市川・基本講義100頁）であると主張されている。自己情報コントロール権や情報プライバシー権と呼ばれる考え方で、これが現在の通説的見解であるといえよう。最高裁も、「プライバシーに係る情報の適切な管理」（最二小判2003・9・12民集57巻8号973頁〔早稲田大学江沢民事件〕）と述べたり、「個人に関する情報をみだりに第三者に開示又は公表されない自由」（最一小判2008・3・6民集62巻3号665頁〔住基ネット事件〕）と述べており、このような考え方を示すようになっている。

　このように、プライバシーの権利は、「私生活を探られない、公表されないにとどまらず、主体的に自己の情報の流れをチェックしていこうとするもの」（市川・基本講義100頁）であるということができる。

3　プライバシーの権利の内容

　プライバシーの権利が自己に関する情報をコントロールする権利だとしても、"自己に関する情報"にはなるべく人に知られたくないものからある程度人に知られることを前提とするものまで、さまざまなものがある。そうした情報をどれも同じように守る必要があるのかといわれると、疑問も生ずる。そこで、

通説的見解は、「その人の道徳的自律の基本にかかわる情報（これを『プライバシー固有情報』と呼ぶ）」と、「個人の道徳的自律の基本に直接に深くかかわらない外的生活事項に関する個別的情報（これを『プライバシー外延情報』と呼ぶ）」の 2 つに大別している（佐藤・憲法論204頁、206頁）。

　プライバシー固有情報（以下、「固有情報」という）とは、センシティブ情報などとも呼ばれるもので、政治や宗教などの思想・信条に関する情報、病歴などの身体に関する情報、犯罪歴に関する情報、社会的差別の原因となる情報など、秘匿性の高い情報のことをいう。このような情報を取得したり利用したりすることは、その秘匿性の高さから、原則として禁止されることになる。一切許されないというわけではないが、厳格な要件のもとにおいて、ごく例外的に許されることがあるにすぎない。

　これに対して、プライバシー外延情報（以下、「外延情報」という）とは、たとえば氏名や連絡先のような、比較的秘匿性が低い情報のことをいう。このような情報は、社会生活を営むうえではむしろ利用されることがある程度想定されているといえよう。したがって、外延情報の場合は、正当な目的のために、適正な方法によって取得したり利用したりしたとしても、そのことによってただちにプライバシー侵害になるわけではない。しかし、こうした情報も本人の知らないまま集積されたり利用されたりすることには問題があるから、本来の利用目的以外で利用したり、第三者に提供する場合については、原則として本人の同意が必要であるとされる。

Ⅳ　「答え」を導き出そう

　GPS 捜査がプライバシーを侵害するもので、強制処分といえるのかどうかは、GPS 捜査によって警察がどのような情報を取得することになるのか、という点が問題になりそうである。GPS 捜査は、本人の知らないうちに GPS 端末を車に取り付け、その車の位置情報を把握しようとするものである。つまり、位置情報とはどのような性質を持つ情報なのかということを考えなければならない。

1　外延情報説

　位置情報とは、いうまでもなく、その人の現在地に関する情報である。GPS 捜査の場合は、GPS 端末を車に取り付けているのだから、主として道路上、

せいぜい道路から入ることのできる建物や駐車場といったところだろう。公道上であれば一切プライバシーはないということはできないにせよ、一般に誰にでも見られる状況であるとはいえる。車がいつどこを走っていたのか、どこに駐車していたのかという情報を、誰にも知られたくないと考えることはあまりないだろう。そうすると、位置情報は、秘匿性の低い情報、すなわち、外延情報だと考えることができる。便宜上、これを外延情報説と呼ぶことにしよう。

　このように考えると、尾行や張り込みなどの捜査手法と大差ないのではないか。さらにいえば、GPS捜査の場合は車の位置情報しかわからないのだから、そこで誰と接触していたかなどがわかるわけでもないし、車を降りて公共交通機関を使って移動されると本人の居場所を把握することすらできない。むしろ、尾行と比べると得られる情報はかえって少ないのではないかとも思える。

　新聞記事にもあるように、警察庁は尾行などと同じく令状なしで行える任意処分だと考えていた。つまり、位置情報は外延情報だと判断していたということになる。また、いくつかの下級審でも同様の判断を示している。たとえば、大阪地裁は、「捜査官が携帯電話機を使って接続した時だけ位置情報が取得され、画面上に表示されるというものであって、24時間位置情報が把握され、記録されるというものではなかった」ことや、「自動車で外出した被告人らを尾行するための補助手段として上記位置情報を使用していたにすぎず、……これを記録として蓄積していたわけではない」（傍点筆者）ことなどから、「GPS捜査は、通常の張り込みや尾行等の方法と比して特にプライバシー侵害の程度が大きいものではなく、強制処分には当たらない。」（大阪地決2015・1・27判時2288号134頁）と判断している。

2　固有情報説

　位置情報は、その人の現在地に関する情報である。車の位置情報の場合であれば、主として道路上や駐車場ということになりそうだが、尾行では発見できないような私的な場所（たとえば地下の駐車スペースなど外から見ることのできないような場所）にいる場合だってあるかもしれない。そうすると、秘匿性の高い場合がある、すなわち固有情報であるとも考えられる。便宜上、これを固有情報説と呼ぶことにしよう。

　このように考えると、尾行や張り込みなどの捜査手法では得られないような情報が取得できることもあるのではないか。さらにいえば、GPS端末を取り付けている間は常に位置情報が取得できるのだから、そうした位置情報を集積

できることも問題になりそうだ。そして、集積された位置情報を分析すれば、共犯者の割り出しに役立つこともももちろんあるだろうが、たとえば毎週教会に通っているだとか、しょっちゅう特定の政治団体に出入りしているだとか、週に1度病院に通っているだとか、どのような人間関係があるのかなど、そんなことも明らかにできるだろう。もちろん、位置情報しかわからないのだから、それだけでは推測できるにすぎない。しかし、こうして分析して得られた情報というのは、思想・信条に関する情報であったり、身体に関する情報のような、秘匿性の高い情報であるともいえそうだ。

　最高裁は、「公道上のもののみならず、個人のプライバシーが強く保護されるべき場所や空間に関わるものも含めて、対象車両及びその使用者の所在と移動状況を逐一把握することを可能にする」（傍点筆者）こと、「個人の行動を継続的、網羅的に把握することを必然的に伴う」（傍点筆者）ことから「個人のプライバシーを侵害し得るもの」で、「公道上の所在を肉眼で把握したりカメラで撮影したりするような手法とは異なり、公権力による私的領域への侵入を伴うもの」だと判断した（前掲最大判2017・3・15）。そして、「個人のプライバシーの侵害を可能とする機器をその所持品に秘かに装着することによって、合理的に推認される個人の意思に反してその私的領域に侵入する捜査手法であるGPS捜査は、個人の意思を制圧して憲法の保障する重要な法的利益を侵害するものとして、刑訴法上、特別の根拠規定がなければ許容されない強制の処分に当たる」と結論づけている（前掲最大判2017・3・15）。

3　GPS捜査の合憲性

　このようにみてくると、位置情報というのはある時点での現在地のみであれば外延情報ともいえそうであるが、継続的に集積されると固有情報ともいえそうだということになる。

　もし外延情報だとすると、捜査という正当な目的のために適正な方法で取得しても、基本的には問題ないことになる。しかし、外延情報であっても、本人の知らないところで集積され、利用されるとなると話がかわってくる。その意味では、重大犯罪などに限定し、尾行などでは追跡が困難な場合に、尾行の補助手段としてのみ利用し、位置情報を集積したり分析したりしないということであれば、プライバシー侵害とはいえないという主張も理解できる。

　しかし、位置情報が集積され、分析された場合には、秘匿性の高い情報になるというのもわかる。また、GPS捜査に関していえば、GPS端末を取り付け

た車を犯人だけが使うとは限らないことも問題となろう。最高裁も、「被疑事実と関係のない使用者の行動の過剰な把握を抑制することができ」ないと指摘している（前掲最大判2017・3・15）。そうすると、位置情報を取得したり利用したりすることは原則として禁止されるべきで、GPS 捜査はプライバシー侵害だという主張も理解できる。

　ただ、いずれにせよ、位置情報を継続的に集積するような場合にはプライバシー侵害となると考えているという点では、両説は共通しているといえる。

4　立法化に向けて

　最高裁は、「GPS 捜査は、GPS 端末を取り付けた対象車両の所在の検索を通じて対象車両の使用者の行動を継続的、網羅的に把握することを必然的に伴うものであって、GPS 端末を取り付けるべき車両及び罪名を特定しただけでは被疑事実と関係のない使用者の行動の過剰な把握を抑制することができず、裁判官による令状請求の審査を要することとされている趣旨を満たすことができないおそれがある」こと、「GPS 捜査は、被疑者らに知られず秘かに行うのでなければ意味がなく、事前の令状呈示を行うことは想定できない」ことなどから、「令状を発付することには疑義がある」とし、「GPS 捜査が今後も広く用いられ得る有力な捜査手法であるとすれば、その特質に着目して憲法、刑訴法の諸原則に適合する立法的な措置が講じられることが望ましい」と述べた（前掲最大判2017・3・15）。

　その後、法務省は法制化に向けた検討を始めたようだが、現時点においてはまだ実現していない。しかし、GPS 捜査に関する法律がない状況で GPS 捜査が行われるよりも、法律を制定し、厳格な要件のもとで行われることが望ましいことはいうまでもないだろう。とはいえ、補足意見が「今後立法が具体的に検討されることになったとしても、法制化されるまでには一定の時間を要することもあると推察されるところ、それまでの間、裁判官の審査を受けて GPS 捜査を実施することが全く否定されるべきものではないと考える」（前掲最大判2017・3・15）と指摘しているように、法律の存在しない今の段階においても、厳格な要件のもとにおいて GPS 捜査が許容される余地はないか考えてみる必要はありそうだ。

　かつて、最高裁は、通信傍受法制定前の事件において、「電話傍受は、通信の秘密を侵害し、ひいては、個人のプライバシーを侵害する強制処分であるが、一定の要件の下では、捜査の手段として憲法上全く許されないものではない」

と述べ、「重大な犯罪に係る被疑事件について、被疑者が罪を犯したと疑うに足りる十分な理由があり、かつ、当該電話により被疑事実に関連する通話の行われる蓋然性があるとともに、電話傍受以外の方法によってはその罪に関する重要かつ必要な証拠を得ることが著しく困難であるなどの事情が存する場合において、電話傍受により侵害される利益の内容、程度を慎重に考慮した上で、なお電話傍受を行うことが犯罪の捜査上真にやむを得ないと認められるときには、法律の定める手続に従ってこれを行うことも憲法上許されると解する」と判断している（最三小決1999・12・16刑集53巻9号1327頁）。

　この判断には批判も十分あり得るし、GPS捜査には最高裁が指摘するような難しい問題もあることから、通信傍受の場合とまったく同じように考えることはできないにせよ、GPS捜査について考えるためのヒントにすることはできるのではないか。たとえば、安易にGPS捜査が行われないよう重大な犯罪に限定したり、尾行などのGPS捜査以外の手段では重要かつ必要な証拠を得ることが著しく困難である場合に限定すること、事件と無関係の人が巻き込まれることのないよう十分な嫌疑がある場合に限定することなどが考えられよう。また、位置情報を継続的に集積することなく尾行の補助手段としてしか利用しないようにするなど、位置情報の利用方法や保存期間などについても問題となりそうだ。

　GPS捜査の目的が犯人を逮捕するという非常に重要で正当なものであることはいうまでもない。そのためにGPS捜査という手段をとることが許されるとすれば、どのような“厳格な要件”が必要なのか。法律に基づかないGPS捜査が許容される余地を認めないとしても、今度はどのような法律を制定し、どのような要件を定めればよいのか、そのような法律を制定することはできるのかを検討する必要があろう。GPS捜査の法制化の停滞は、GPS捜査が法制化されれば「現在では運用で対応する他の捜査手法にも、法制化の議論が広がりかねない」という警察側の懸念によるものだといわれている（読売新聞2018年9月27日夕刊）。GPS捜査について検討することは、ほかの捜査手法についてあらためて考える契機ともなりそうだ。

［参考文献］
・特集「GPS捜査とプライバシー——最大判2017・3・15を読む」法学セミナー752号9頁以下（2017年）
・伊藤雅人＝石田寿一「判解」法曹時報71巻6号1244頁（2019年）
・山本龍彦「警察による情報の収集・保存と憲法」警察学論集63巻8号111頁（2010年）

Part II
権利に関する
4つのケース

4 法の下の平等
——ダイバーシティ＆インクルージョンの推進

立命館大学教授
大西祥世

I｜報道によると

1 「遺族基礎年金：父子家庭除外『合憲』判断」
（毎日新聞、2018年 9 月26日〔共同通信配信〕）

　家計の担い手を亡くすと支払われる「遺族基礎年金」の対象から父子家庭を除外していた国民年金法の旧規定は、法の下の平等を定めた憲法に違反するとして、津市の公務員の男性（53）が支給を求めた訴訟の上告審判決で、最高裁第 3 小法廷は25日、合憲との初判断を示し、男性の上告を棄却した。

　岡部喜代子裁判長は、社会保障に関する立法の裁量範囲が争われた1982年の最高裁判例を挙げ、「国民年金法の旧規定も違憲でないことは明らか」と指摘した。

　厚生労働省によると、旧規定は「働く夫を亡くした妻子を守る」目的で定められた。東日本大震災を契機に、父子家庭への不支給が問題化。国民年金法が改正され、2014年 4 月から支給されるようになった。男性の妻が亡くなったのは法改正前だったため認められていなかった。

2 「夫婦別姓 求める声再び　最高裁「同姓は合憲」でも…　経営者ら、切り口変え提訴」（日本経済新聞、2018年 8 月18日）

　結婚時に夫婦別姓を選べないのは不当だとして、国に損害賠償などを求めて提訴する動きが広がっている。最高裁が2015年、「夫婦同姓」を定めた民法の規定を合憲と判断したことで、一度は結論が出たはずの夫婦別姓問題。訴訟が相次ぐ背景には、仕事や日常生活での不便さを訴える声が次第に大きくなっていることがあるようだ。

　「別姓を選択するのは僕らにとっては自然な選択。普通に認められてほしい」。米国在住の映画監督、想田和弘さん（48）と妻の柏木規与子さんは 6 月、戸籍に夫婦であることが記載されないのは不当として、婚姻関係の確認などを国に

求めて東京地裁に提訴した。

1997年、米ニューヨーク州で同州の法律に基づき結婚し、別姓のまま夫婦となった。外国で法律婚した日本人夫婦が日本の戸籍でも夫婦であることを証明するには、どちらかの姓を選んで届け出る必要がある。想田さんらは都内の区役所に別姓で婚姻届を提出したが受理されず、「婚姻関係を証明できず、不利益を受けた」とする。

夫婦の姓については、民法750条が「夫婦は婚姻の際に夫または妻の氏を称する」と定める。この規定が憲法の定める法の下の平等に違反するかが争われた訴訟では最高裁大法廷が2015年、規定を合憲と判断したが、切り口を変えて提訴する動きが出ている。

ソフトウエア会社「サイボウズ」の青野慶久社長（47）は夫婦同姓で仕事に支障を来しているとして国に賠償を求め、東京地裁に提訴した。結婚時に妻の姓を選び、仕事では旧姓「青野」を通称として使っている。

訴訟では民法ではなく戸籍法に着目。日本人と外国人の結婚・離婚や、日本人同士の離婚の場合は戸籍法に基づいて別姓を選べるのに、日本人同士の結婚では別姓を選ぶ規定がない点を挙げ、戸籍法は違憲だと訴えている。

株の名義の書き換えに手数料がかかり、航空券などの手配を他人に頼む際は妻の姓で予約するよう伝える手間が生じるという。4月に開かれた口頭弁論では「迅速な企業経営や働き方改革が時流となっているいま、価値を生まない無駄な活動が日々発生している」と不便さを訴えた。

このほか、5月には東京都や広島県に住む事実婚の男女7人が、夫婦別姓を望んだことで法律婚ができず、不利益が生じたとして各地の地裁に提訴。8月、国が夫婦別姓を認める法改正を怠ったとして国を相手取り提訴した出口裕規弁護士は「継続して（訴訟に）取り組むことで、固い扉が開かれるのではないか」と話す。（以下略）

【関連条文】

憲法14条1項　すべて国民は、法の下に平等であつて、人種、信条、性別、社会的身分又は門地により、政治的、経済的又は社会的関係において、差別されない。

24条2項　配偶者の選択、財産権、相続、住居の選定、離婚並びに婚姻及び家族に関するその他の事項に関しては、法律は、個人の尊厳と両性の本質的平等に立脚して、制定されなければならない。

Ⅱ　何が問題なのか

　興味がある分野を学ぶために進学したい、憧れの仕事に就きたい、好きな人と結婚したい、自らの国や自治体の政治のあり方を決めたいと思っても、自らの努力や工夫では変えようがない生まれながらの属性や、信じる宗教や思想を理由にした差別や不平等によってそれらができないという状況は理不尽なのではないだろうか。憲法14条１項は、わたしたちがこうした不当な差別や不平等な扱いを受けないことを定めている。

1　憲法14条１項の意味は何か。また、どのような場合に憲法に違反する「不平等」や「差別」があると判断されるのか

　憲法14条１項で保障される内容、すなわち、「法の下の平等」とは何か。禁止される差別はどのような内容か。同項は具体的に「人種、信条、性別、社会的身分、門地」を挙げて、差別を禁止した。これら５つをまとめて「後段列挙事由」という。

　多様な属性をもつ人々が平等かどうかを考える際は、同一の事情と条件の下でちがいをもつ他の人（々）と比較して（例：新聞記事１のひとり親という同一の事情と条件の下での父子家庭と母子家庭というちがい）、それぞれが平等か不平等か、差別がないかあるかを考える必要がある。また、障がい者に対する合理的配慮など、ちがいに応じた区別がある場合は、そうした区別が合理的なものであり、不平等や差別的な取扱いではないかどうかを検討する必要がある。次節Ⅲの１で扱う。

2　ちがいによる区別や異なる取扱いが合憲か違憲かについて、判例と学説の考え方が異なる場合、どのように考察すればよいか

　ちがいを理由にＡとＢを区別して扱うことに合理性があれば合憲とされ、その区別に合理性がない場合は違憲と判断される。区別に合理性があるかないかの考え方が、最高裁判所、学説、差別を受けたと訴えた当事者それぞれの考え方にちがいが生じることもある。具体的には、衆議院議員や参議院議員の選挙の「1票の格差」や外国籍住民の参政権など選挙に関するもの、外国人の公務就任権、労働者の政治的な信条に基づく不利益取扱い、夫婦同氏制などの事案である。

　最高裁判所の判決の考え方が絶対に正しいと言い切れるだろうか。判例と学

説などの考え方に異同が生じる背景を理解するには、違憲審査基準の考え方に注目することが重要である。次項IIIの2で扱う。

3 憲法14条1項違反が問われた21世紀の裁判は、どのような内容か

近年の14条1項に関する裁判、法令・政策は、仕事や結婚・家族のあり方といった、わたしたちの生活に身近な論点が多い。たとえば、男女での待遇の差や賃金格差、親と子の関係、同性婚、子育て・介護といったケアワークの担い手の変化、病気や障がいを理由とした強制不妊手術などである。

これらは、日本国憲法では主に憲法14条、24条、44条の論点として考えられている。ただ、憲法が制定された当時、仕事への取り組み方や家族のあり方に関する法制度は「男性は仕事、女性は家庭」という固定的な性別役割分担意識に基づいてつくられた。こうした法律は部分的に改正されつつも、実は現在もほぼそのまま維持されているので、今日の状況と十分に合わない点が顕在化し、憲法14条1項に関する裁判として争われるようになった。後掲IVで扱う。

III 考えてみるには

わたしたちはそれぞれに、生まれた環境、人種、性別、得意分野や能力、年齢、財産、職業など、さまざまなちがいがある。それを前提として、法が与える特権の面でも法の課する義務の面でも、同一の事情と条件の下では均等に取り扱うことが要請される「法の下の平等」について、憲法学ではどのように考えられているのだろうか。

1 「法の下の平等」の意味

(1) 法適用の平等か、法内容の平等か

「法の下の平等」は、法を執行し適用する行政権や司法権が国民を差別してはならないという「法適用の平等」とともに、法そのものの内容も平等の原則にしたがって定立される（立法権）べきであるという「法内容の平等」も意味することである（芦部・憲法131頁）。もし、法の内容に不平等な取扱いが定められていれば、それを平等に適用しても平等の保障は実現されないからである。

(2) 絶対的平等か、相対的平等か

人はそれぞれにちがいがあるが、憲法14条1項の「平等」は、後段列挙事

由（人種、信条、性別、社会的身分、門地）だけではなく、能力、年齢、財産、職業などのちがいを前提として、同一の事情と条件のもとでは均等に取り扱う「相対的平等」を意味する。ちがいを無視してすべての人を一律に等しく扱うという「絶対的平等」ではない。

(3)　形式的平等か、実質的平等か

　国家がそれぞれちがいがある人を法的に均等に取り扱い、その自由な活動を保障することを「形式的平等（機会の平等）」という。日本国憲法は14条1項で基本原則を宣言し、さらに、個別的に、貴族制度の廃止（同条2項）、栄典にともなう特権の禁止（同条3項）、普通選挙（15条3項）、夫婦の同等と両性の本質的平等（24条1項、2項）、教育の機会均等（26条）、選挙人の資格の平等（44条）により、平等原則の具体的な内容を定めている。

　他方、経済的・社会的に格差や不平等がある社会で、強者・多数者と弱者・少数者とを形式的平等の考え方に基づいて法的に均等に扱えば、格差や不平等がより拡大したり、弱者・少数者の自由や権利が侵害されたりすることがある。その場合は、形式的平等を制限して、格差を縮めて実質的平等を達成するための法令が必要とされる。

(4)　後段列挙事由（人種、信条、性別、社会的身分又は門地）の具体的な内容は何か

　①　人種　世界にはさまざまな人種の人々が生活しており、日本も旧憲法下の植民地支配や1990年代以降のグローバル化による外国からの移住や国際結婚などによって、さまざまな人種のルーツをもつ人が増えている。国内では、先住民族で少数民族であるアイヌ民族（札幌地判1997・3・27判時1598号33頁〔二風谷ダム事件〕）や琉球民族とへの差別的取扱いが問題視されてきた。なお、公務員の国籍条項など、日本人と外国人との取扱いのちがいは、憲法学では「人種」の論点ではなく、「外国人の人権享有主体性」の問題として扱われている。

　②　信条　宗教および思想上・政治上の信念や主義のちがいを理由に差別してはならない、という趣旨である（最大判1973・12・12民集27巻11号1536頁〔三菱樹脂事件〕）。

　③　性別　男女という性別のちがい（最三小判1981・3・24民集35巻2号300頁〔日産自動車事件〕、最大判2015・12・16民集69巻8号2427頁〔女性待婚期間一部

違憲判決〕、最大判2015・12・16民集69巻 8 号2586頁〔夫婦同氏制合憲判決〕）だけではなく、今日では SOGI（性的指向、性自認）による差別も含まれると解されよう（東京高判1997・9・16判タ986号206頁〔東京都青年の家事件〕、最三小決2013・12・10民集67巻 9 号1847頁〔性同一性障害による性別変更と嫡出推定事件〕）。

　　④　社会的身分・門地　　社会的身分として、被差別部落出身者や両親が法律婚か事実婚かといった親の法的地位のちがいによる差別が禁止される（最大判2008・6・4 民集62巻 6 号1367頁〔国籍法違憲判決〕、最大判2013・9・4 民集67巻 6 号1320頁〔婚外子相続分違憲判決〕）。門地は家柄を意味し、従来の華族がこれにあたる。

(5)　後段列挙事由は例示列挙か、限定列挙か。また、単なる例示か、特別な意味をもつか

　　後段列挙事由は、差別が禁止される理由としてのたとえに過ぎずとくに意味がないのか、それとも憲法はこの 5 つの理由のみの差別を限定して禁じているのか。判例・学説ともに、これらは例示であると解している。すなわち、この 5 つに限定されず、その他に、被害者が尊属かそれ以外かにより被告人に科せられる殺人罪の刑罰の重さのちがい（最大判1973・4・4 刑集27巻 3 号265頁〔尊属殺重罰規定違憲判決〕）、年齢のちがい、障がいや病気の有無による差別（熊本地判2020・2・26LEX/DB25570745〔ハンセン病患者隔離法廷判決〕）も禁止される（長谷部ほか・注釈(2)172頁）。

　　こうした個人の属性を理由とした取扱いのちがいが妥当であり、正当化される根拠がある場合は「合理的な区別であり、合憲」とされるが、そうした根拠がない場合は違憲であると判断される。

　　また、後段列挙事由が単なる例示なのか、差別が許されない事柄をとくに挙げたという特別な意味があるのかという論点は、ちがいによる区別を合憲とするか違憲とするかの判断基準に影響し、判例と学説の考え方が異なる。次項 2 で扱う。

(6)　憲法によって禁止される政治的、経済的、社会的な差別の内容は何か

　　憲法14条 1 項は、国家が第一義的に、合理的な根拠がなければ、立法、行政、裁判の際に人々の属性のちがいを理由として差別をしてはならない、憲法上の権利を制限してはならない、という意味である。たとえば、①政治的な権利である参政権や裁判を受ける権利、②経済的権利である職業の自由、財産権、

租税、③社会的権利である結婚・離婚の自由、生存権、教育を受ける権利などである。もし、属性のちがいを理由とした取扱いのちがいに合理的な根拠があれば、「差別にあたらない」と解される。

　なお、選挙権は、旧憲法とは異なり、日本国憲法の下では普通選挙および平等選挙が実現して「形式的平等」は確保されているが、全国各地の選挙区によって「1票の格差」が生じて、選挙人の投票価値に実質的な不平等が存在する。近年は衆議院議員総選挙および参議院議員通常選挙が行われるたびに、その合憲性が裁判で争われている。なお、最高裁判所はこれまでに2例（衆議院議員総選挙の不均衡〔最大較差1対4.99および最大較差1対4.40〕）について、違憲と判断した（最大判1976・4・14民集30巻3号223頁〔衆議院議員定数不均衡1976年違憲判決〕、最大判1985・7・17民集39巻5号1100頁〔衆議院議員定数不均衡1985年違憲判決〕）。なお、居住地が日本国内か外国かを区別して、外国居住を理由に投票ができないことは憲法44条などに違反するとされた（最大判2005・9・14民集59巻7号2087頁〔在外日本人選挙権違憲判決〕）。

(7)　「差別」は「直接差別」に限られるのか、「間接差別」も含むのか

　憲法14条1項が禁ずる差別は、個人の属性のちがいを直接の理由とした「直接差別」である。新聞記事で取り上げた、ひとり親家庭を親の性別で父子家庭と母子家庭とに区別し、父子家庭を「遺族基礎年金」の対象から外した旧国民年金法の制度は、親が男性か女性かを直接の理由としたものである。なお、2012年に同法は改正（2014年施行）されて、こうした性別による区別は撤廃された。

　他方、同項は直接差別とともに「間接差別」も禁止するという考え方もある。たとえば、25歳以上または30歳以上になれば、男性も女性も国会議員に立候補することができ、被選挙権に直接差別は存在しない。しかし、実際に選挙で当選した国会議員の女性比率は、2019年現在、衆議院議員で10.2%である。他国の一院制および二院制を採用する国の下院と比較すると193か国中164位と、日本は男女間に大きな偏りがある。参議院議員では22.6%である。このように衆参両院ともに議員の女性比率が極端に少ない理由に、女性は国会議員に向いていないといった「固定的な性別役割分担意識」や「無意識のバイアス」が影響をしていることが挙げられており、間接差別の具体例の1つである。新聞記事の夫婦同氏制もその一例にあたると考えられている。

2　判例の考え方、学説の考え方

　日本国憲法のもとで、これまでに最高裁判所が法令を違憲と判断したのは
10例である。そのうち、法律が定めた属性による「取扱いのちがい」に合理
性はなく、憲法14条１項に違反するとされた事案は上記１の(4)〜(7)に挙げた６
例である（旧刑法200条〔前掲最大判1973・4・4〕、旧公職選挙法〔前掲最大判
1976・4・14、前掲最大判1985・7・17〕、旧国籍法３条１項〔前掲最大判2008・6・
4〕、旧民法900条４号〔前掲最大判2013・9・4〕、旧民法733条１項〔前掲最大判
2015・12・16〕）。

　法令を違憲とした判決の数が多いか少ないかは見解がわかれるであろうが、
少なくとも平等の分野に多いことは注目できる。憲法学界でもこれらの事案に
ついては最高裁判所と同様に「違憲」であると解されている。他方、最高裁判
所が「合憲」と判断した取扱いのちがいについて、学説では合憲性をより厳し
く考えて「違憲」と解する場合もある。

　このように、ちがいによる区別や取扱いが合憲か違憲かについて、判例と学
説の考え方が同じ場合もあれば、異なる場合もある。そもそも、属性による
「取扱いのちがい」は社会のさまざまなところに存在し、何が差別にあたり何
が差別にあたらないかの線引きは、実際には容易ではない。そうした区別が合
理的か合理的でないか、人それぞれに判断基準が異なる。一般的な社会通念は
時代によって変化し、一定ではない。他方、大多数の人が差別にあたらないと
考える「取扱いのちがい」について、少数派である人々が学説を用いて裁判で
主張したり社会的に活動したりした結果、「憲法14条１項に違反する差別にあ
たる」と評価が変わることもある。

(1)　判例および学説の立場の異同

　上記１の「法の下の平等」に関する憲法学上の各論点(1)〜(7)に照らし合わ
せると、判例と学説の立場は次のように整理できる。

　(1)判例は「法適用の平等」と「法内容の平等」の双方が憲法上要請されると
解する。学説も同様である。(2)(3)判例は「相対的平等」、「形式的平等」と解し、
学説も同様である。ただし、学説には形式的平等に加えて「実質的平等」、さ
らに「結果の平等」も要請される場合もあるという考え方もある。後者の例は
人種差別や性差別の事案における論点であり、実質的平等を実現するための
「ポジティブ・アクション」の導入の是非の議論に発展する。ただし、何が不
平等で、どこまで是正すれば実質的平等や結果の平等を実現したことになるか

については、学説に争いがある。(4)は、合憲か違憲かの判断基準（違憲審査基準）に関する論点で、判例と学説の考え方が異なるので、次項(2)で扱う。

　(5)「後段列挙事由」のうち、社会的身分について、判例は広く「人が社会において一時的ではなしに占める地位」と解する。他方、「生来の身分、たとえば被差別部落出身など」や「自己の意志をもってしては離れることのできない固定した地位」というように狭く解する学説がある。また、両者の中間にあって、「人が社会において一時的ではなく占めている地位で、自分の力ではそれから脱却できず、それについて事実上ある種の社会的評価が伴っているもの」と解する学説もある（芦部・憲法139-140頁）。

　(6)のうち、会社の採用活動に差別がある場合など、企業と就職希望者といった私人間における法的な紛争に憲法が適用できるかという論点を「憲法の私人間効力」という。私人間の争いには、民法90条の公序良俗違反といった一般条項を憲法14条1項の趣旨を取り込んで解釈・適用する「間接適用説」の手法をとるとするのが判例（前掲最大判1973・12・12）および通説の立場である。なお、学説では少数説として、私人間にも憲法を直接適用できるとする「直接適用説」や、私人間に憲法は適用できないとする「無適用説」も主張されている。(7)の間接差別の考え方は学説の考え方である。法律や政策による実質的平等や結果の平等の論点として論じられている。

(2)　判例と学説の考え方に異同が生じる理由

　判例と学説の考え方の最も大きなちがいは、争いとなった「取扱いのちがい」を裁判で審査して合憲か違憲かを判断する際に用いる「違憲審査基準」である。

　まず、判例（多数意見）は、後段列挙事由を単なる例示でありとくに意味がないと解して（最大判1964・5・27民集18巻4号676頁。前掲最大判1973・4・4）、取扱いのちがいが存在する合理的な根拠の有無を「事柄の性質」に応じて審査する、としている。

　ついで、学説（通説）では、憲法が後段列挙事由として明示していることに意味があり、特に許されない差別であると解している。そのため、人種、信条、性別、社会的身分または門地を理由とした取扱いのちがいが合理的かどうかは、ちがいがあってもまずは立法者の意思を尊重して合憲と理解する「合憲性の推定」が排除され、より厳しく「違憲ではないか」と批判的な視点から考える。すなわち、違憲審査基準は、どのような法律を制定するかあるいは制定しない

かについて国会に広い裁量（立法裁量）が認められる緩やかな審査ではなく、立法目的と立法目的を達成する手段の２つの側面から判断する「厳格な審査」または「中間（厳格な合理性）審査」を用いることが適切である、と説明する（芦部・憲法学III27-32頁）。ただし、この有力説によると、後段列挙事由に該当しない理由による取扱いのちがいは緩やかな審査によって合憲と判断される可能性が高くなることに注意しなければならないだろう。

　なお、21世紀に示された３件の法令違憲判決は、今日の社会の変化や国際人権基準の発展を総合的に勘案した結果、元々は合憲とされていた規定が違憲であると、最高裁判所による評価が変わった事案である。これらに憲政史上初めての法令違憲判決を合わせた４件が家族やジェンダー平等に関する事案であることはたいへん興味深い。

Ⅳ　「答え」を導き出そう

　これまでの検討をふまえて、わたしたちの生活に身近な家族に関する論点について、上記Ⅰの新聞記事で取り上げた①遺族基礎年金の受給対象から父子家庭が除外された事案の最高裁判決（最三小判2018・9・25LEX/DB25561677）および②夫婦同氏制に関する最高裁判決（前掲最大判2015・12・16）を具体的に取り上げて、検討する。

⑴　夫婦や家族に関する法制度は、今日の家族にとって幸せであろうか

　第１に、①の事案で争われた遺族基礎年金は、1985年に夫の死亡による収入の激減を防ぎその妻と子の生活を維持するための制度として設けられた。同年金を受給できる者および遺族の範囲は、国民年金法の規定上「妻又は子」に限定され、妻に対してはその子が18歳未満（障害等級１級・２級の子の場合は20歳未満）と生計が同じ場合にのみ支給されるとされた（同37条、37条の２）。そのため、ひとり親家庭でも、母子家庭には支給されるが、父子家庭には支給されないという取扱いのちがいが生じた。なお、同規定は2012年に「配偶者又は子」に改正された（2014年４月１日施行）。

　2013年12月に妻が死亡し、翌2014年４月28日に同年金を請求した夫は、妻が改正法の施行前に死亡したので受給の要件に該当しないとされたため、旧法を憲法14条１項違反として訴えた。

　これを最高裁判所は明確に理由を述べずに、合憲と判断した。原審（大阪高

判2015・6・19判時2280号21頁）によれば、憲法25条の広い立法裁量を前提に、「社会保障制度に係る法令において受給権者の範囲や支給要件等についての区別を設けることは、それが著しく合理性を欠き、何ら合理的理由のない不当な差別的取扱いであるといえるときに、はじめて憲法14条1項に違反するということができるものと解すべきであ」るが、本件は、第一審（津地判2017・6・15LEX/DB25546458）と同様に、「母子家庭とは異なり一般的に稼得能力の大幅な喪失が生じない父子家庭を遺族基礎年金の支給対象から除外したことには合理的な理由がある」として、合憲とされた。なお、地公災法32条1項による遺族補償年金の受給について、妻が死亡した夫のみに年齢要件（60歳〔附則により55歳にくみ替え〕以上）が課せられて不支給とされた事案（夫が死亡した妻は年齢要件がない）についても、最高裁判所は憲法14条1項に違反せず、合憲とした（最小三判2017・3・21判時2341号65頁）。

　このことから、最高裁判所は、年金制度における男女のちがいに基づく取扱いのちがいを、「男性は仕事、女性は家庭」という固定的な性別役割分担意識を根拠に合理的で「合憲」と判断していることがわかる。なお、この2つの事案について、憲法学界は憲法14条1項に違反するという考え方が有力で、判例とちがう立場をとる。

　第2に、法律上結婚するカップルは夫または妻のどちらかの氏を選択しなければならないという、2020年末現在、世界中で日本にのみ存在する夫婦同氏制を定める民法750条が憲法13条、同14条1項、同24条1項・2項に違反するかどうかが争われた②の事案は、最高裁判所は2015年にいずれの規定にも違反せず、合憲であると判断した。13条については、結婚の際に「『氏の変更を強制されない自由』が憲法上の権利として保障される人格権の一内容であるとはいえない」ので違反しないとされた。同14条1項については、「夫婦同氏制それ自体に男女間の形式的な不平等が存在するわけではない」から違反しないとされた。また、結婚に関する法制度は立法裁量の問題であるので、夫婦同氏制はただちに「個人の尊厳と両性の本質的平等の要請に照らして合理性を欠く制度であるとは認めることはでき」ず、憲法24条1項・2項にも違反しないとされた。

　なお、最高裁判所裁判官15人のうち、5人（うち3人は女性）から、制定当時は合理性があっても、こんにちの状況では同氏にして結婚するか別々の氏のまま結婚するか選択できないことに合理性は認められず違憲であるとする反対意見を述べた。

　他方、学説では、同判決の多数意見も少数意見も支持されつつ、同14条 1 項よりも同24条 2 項の論点として検討すべきであるとするものが多く見受けられる。

　ところで、最高裁判所は氏の選択に関する現状が、真に自由な選択の結果によるものではなく、社会に存する差別的な意識や慣習の影響によるものであれば、それを排除して実質的な平等を図ることは、「憲法14条 1 項の趣旨に沿うものである」とした。これは、すなわち、最高裁判所は、夫婦同氏制に「間接差別」が認められる場合は憲法14条 1 項の趣旨に沿って憲法違反と解される余地を示したといえるのではないだろうか。

(2)　ダイバーシティ＆インクルージョンの推進に向けて

　法律婚と事実婚、法律婚では夫婦同氏制が要請される日本人同士のカップルと同氏か別氏か選べる日本人と外国人のカップル、異性婚と同性婚といった、いろいろな結婚に関する取扱いのちがいに合理的な根拠があるだろうか。近年ではジェンダー法学の立場から、合理的な根拠はなく、憲法14条 1 項違反の疑いがあるとして鋭く問題提起されている。憲法学でもそれを受け止める立場が近年少しずつ増えてきているといえよう。

　日本国憲法が施行されて70年以上が経った今日においても、これまでに挙げた事案以外にも社会にはさまざまな差別や不平等が依然として根強く存在している。ちがいがあっても差別されず、自分も他人も尊重し合えるような社会を実現するためには、憲法14条 1 項の趣旨をふまえ、その取扱いのちがいに合理的根拠があるかどうかをくりかえし問いかけることが重要であろう。

［参考文献］
・内野正幸『人権の精神と差別・貧困：憲法にてらして考える』（明石書店、2012年）
・辻村みよ子『憲法と家族』（日本加除出版、2016年）
・遠藤美奈「遺族基礎年金支給対象からの父子家庭の除外と憲法14条・25条」法学セミナー増刊　新・判例解説 watch：速報判例解説 vol. 25（2019年）21-24頁
・映画「ビリーブ　未来への大逆転」（アメリカ、2018年）

5 生活を営む権利
——生活保護基準の切り下げ

立命館大学准教授
坂田隆介

I 報道によると

「生活保護減額 違法認めず 『厚労相、国民感情踏まえた政策考慮できる』」（朝日新聞、2020年6月26日）

　2013年の生活保護費の引き下げをめぐり、基準の決定手続きに問題があったなどとして愛知県内の受給者18人が国や名古屋市など3市を相手取り、減額決定の取り消しなどを求めた訴訟の判決が25日、名古屋地裁であった。角谷昌毅裁判長は「厚生労働相の判断は違法ではなかった」と認定し、原告側の請求を棄却した。

■ 名古屋地裁 訴え棄却

　全国29地裁（原告約900人）で争われている集団訴訟の初の判決だった。

　国は13年、生活保護費の「生活扶助」の支給額について、3年かけて約670億円削減する方針を打ち出した。生活扶助は食費などの生活費にあてるもので、地域や世帯の人数などに応じて基準額が決まる。厚労省は独自の判断で物価の下落率を計算し、この基準額に反映した。

　原告側は裁判で、こうした方法が専門家でつくる社会保障審議会・生活保護基準部会で議論されず、さらに下落率が大きくなるよう恣意的な計算方法が用いられたと問題視。生活保護法で定める厚労相の「裁量権」に逸脱があったと指摘した。国側は、当時の生活扶助基準が「一般低所得世帯の消費実態と比較して高い」と主張。物価の下落率を計算して基準額に反映させたことは妥当だったと反論していた。

　この日の判決では、基準引き下げの手続きについて、「専門家の検討を経ることを義務づける法令上の根拠は見当たらない」と指摘。また、当時は物価の下落で「生活扶助基準額が実質的に増加したといえる状況があった」などとし、

基準額に物価の下落を反映する必要があるとした厚労相の判断は妥当と判断した。

　一方、生活保護費の削減は12年末の衆院選で自民党が掲げた選挙公約であり、原告側が「生活保護基準は合理的な基礎資料によって算定されるべきで、政治的意図で算定されるべきではない」「公約は本来考慮してはならない要素」と指摘していた点については、「自民党の政策は、当時の国民感情や国の財政事情を踏まえたもの。厚労相は基準改定に考慮できる」とした。

　判決を受け、厚労省は「生活扶助基準の改定は適法であったという国の主張が認められたものと承知している」などとコメントした。（大野春香、小松万希子）

■「最低限の生活、『感情で値切られる』危惧」

　「引き下げが続けばご飯が食べられなくなる。死ねと言っているのと同じだ」
　原告の１人、愛知県豊橋市に住む女性（77）は判決を受けて肩を落とした。

　清掃会社などに勤めたが、保険料の支払期間が足らないために無年金で、2007年ごろから生活保護を受けている。引き下げで節約を強いられ、食事は１日２食という。

　生活保護は「最後のセーフティーネット」とされ、その基準額は憲法25条に定める「健康で文化的な最低限度の生活」のために国が保障する金額だ。この日の判決は、裁量権を持つ厚労相が「国民感情や国の財政事情」、それを踏まえた「自民党の政策」を考慮できると判断した。

　「国民感情って目に見えるものでしょうか」。判決後の記者会見で、原告の男性は声を絞り出した。同席した森弘典弁護士は「こんなマジックワードで厚労相がやることが何でも許されれば、国民は生きていけなくなる」と訴えた。

　引き下げ決定の前年にあたる12年、タレントの母親が生活保護を受けていたことを引き金に「生活保護バッシング」が強まった。同年末に「生活保護の給付水準１割カット」を公約に掲げた自民党が政権を奪還している。ただ、判決では、どういう国民感情があったのか、具体的な言及はなかった。

　1990年代後半から増え続けた生活保護利用者は15年をピークに微減に転じ、今年３月で約207万人。しかし、新型コロナウイルスによる不況で増加する可能性があり、引き下げは今後さらに広く影響しかねない。

　その兆候は出ている。厚労省によると、３月の生活保護申請件数は２万1026件で、前年同月比で7.4％増。月ごとの統計をとり始めた12年４月以降で

最大の増え幅となった。

　明治大学の岡部卓専任教授（公的扶助論）によると、「最低限の生活」の基準には、国民感情を考慮しないことが原則とされてきたという。「国民感情を踏まえることを是とすると、『最低限』が感情で値切られるようになってしまう」と危惧する。（藤田大道、小原智恵、山崎輝史）

【関連条文】
　憲法25条　すべて国民は、健康で文化的な最低限度の生活を営む権利を
　　有する。
　2　国は、すべての生活部面について、社会福祉、社会保障及び公衆衛生
　　の向上及び増進に努めなければならない。

Ⅱ｜何が問題なのか

　2013年に実施された生活保護基準引き下げは、3年間かけて平均6.5％、最大10％、総額670億円削減するという未曾有の規模のものであった。これに対して、全国29の都道府県で「いのちのとりで裁判」というスローガンのもと、1000名を超える原告によって、こちらも未曾有の集団訴訟が提起された。

　この引き下げは、厚労省の社会保障審議会・生活保護基準部会（以下、「基準部会」という）が、5年に一度の保護基準の見直しに向けて「保護基準と下位10％の低所得世帯の消費水準との乖離」を約2年かけて検証した結果（2013年1月13日「平成25年報告書」公表）を受けて実施されたものである。すなわち、下位10％の一般低所得世帯との乖離を是正する「ゆがみ調整」（90億）、物価下落に合わせた「デフレ調整」（580億円）であった。「ゆがみ調整」に対しては、そもそも比較された下位10％の低所得世帯は、生活保護を受給できるのに受給していない漏給世帯も多く含んだ相対的貧困層であるため、この所得層との比較に基づいて保護基準を引き下げると、際限のない貧困スパイラルを招くという問題が指摘されている。

　より複雑なのは「デフレ調整」である。これは、保護基準と物価変動との関係について基準部会で何ら検証されていなかったにもかかわらず、「平成25年報告書」の公表直後、厚労省が「2008年度から2011年度の間で4.78％物価下落した」という独自の試算に基づいて実施を決めたものである。「デフレ調整」には、基準部会で検証を経ていないという手続上の問題だけでなく、下落率4.78％という実感とかけ離れた数値が不自然に算出されたという「物価偽装」ともいわれる問題が指摘されている。

　保護基準が直近で引き下げられたのは2004年度であったから、保護基準と物価変動との関係を問題にするのであれば2004年度を期首にすべきであった。ところが、なぜか厚労省は算定期間を2008年度から2011年度に設定した。2004年度から2011年度における物価推移はデフレ基調ではありつつ、2008年度が原油高騰のために一時的に物価高騰し、2010年はテレビやパソコンの電気製品が激しい販売競争（特に地デジ化に伴う買い替え需要でテレビ販売が急伸）の中で大幅な値下げを見せ、翌11年はやや物価上昇、というものであった。

　この状況をフル活用して物価下落の指数を最大化してみせたのが、今般の「物価偽装」である。まず物価算定の期首を2004年度ではなく、一時的に物価が高騰した2008年度に設定することで物価指数の下落の勾配を大きくする。

　物価指数とは、さまざまな品目の価格がある基準点からどれだけ変化したか（価格指数）の平均であるが、価格指数の単純平均ではなく、それぞれの品目の購入割合（ウェイト）を加味する「加重平均」によって算出される。そこで、物価指数の算出にあたって「総務省消費者物価指数（総務省 CPI）」の品目から「生活扶助費で購入しない品目」を除外して計算された「生活扶助相当物価指数（生活扶助相当 CPI）」なる厚労省独自の指数が作られた。「生活扶助相当CPI」では「生活扶助費で購入しない品目」が除外される結果、電気製品の占める割合（ウェイト）が相対的に増加する。そのため、他の品目の価格指数が安定的に推移する中で、前述の電気製品の動向が物価指数の下落に大きく寄与することになる。

　さらに——ここが最も重要なところであるが——、なんと2008年度から2011年度にかけて、2010年度を境に異なる算出方式を組み合わせるという、統計学的に極めて異例の手法がとられた。すなわち、2008年度から2010年度については2010年度をウェイトの基準時にして物価指数を過去に遡る形で計算する方式（「パーシェ方式」）、2010年度から2011年度は2010年度をウェイトの基準時にして将来に向かって計算する方式（「ラスパイレス方式」）が用いられた。両者が異質の計算式であるということは、例えば、100→80という同じ事象を対象にしても、ラスパイレス方式では100→80の変化率20％、パーシェ方式では80→100の変化率25％が算出されるということから明らかであろう。総務省統計局も、算式が違う指数を比較することは適切でないと認めている。

　パーシェ方式は、デフレ局面においては、期首を基準時とするラスパイレス方式よりも、物価指数の数値（下落率）が大きく算出されるという数字のマジック（下方バイアス）が生じる。物価指数の算定には伝統的にラスパイレス方式が用いられているにもかかわらず、厚労省は独自の「生活扶助相当 CPI」に基づき、2008年度から2010年度についてのみ、2010年度を基準時とする「パーシェ方式」を用いることで、保護受給世帯にはおよそ関わりのない電気製品の価格低下と販売量急伸という事態が、保護基準を切り下げるために「活用」した。まさに「物価偽装」といわれる所以である。

　生活保護基準は、憲法25条が保障する「健康で文化的な最低限度の生活」を具体化したものであり、日本におけるナショナル・ミニマムの代理指標として重要な役割を果たしている。生活保護基準の切り下げは、生活保護受給者だけでなく、低所得者を対象とする他のさまざまな施策（保育料や就学援助、国民健康保険の保険料や一部負担金の減免、介護保険料・障害福祉サービスの利用者

負担の減免など）の給付水準や給付対象などに影響を及ぼす。また、最低賃金や住民税の非課税基準も生活保護基準と連動しているため、生活保護基準の切り下げは日本のナショナル・ミニマムの切り下げという重大な意味を持つ。

　厚生労働大臣が設定する生活保護基準は、「最低限度の生活の需要を満たすに十分なもの」（生活保護法 8 条 2 項）でなければならず、「最低限度の生活は健康で文化的な最低限度の生活」（同法 8 条 3 項）でなければならない。はたして、生活保護基準を切り下げる厚生労働大臣の判断に対して、裁判所は憲法25条に基づきいかなる司法的統制を及ぼすことができるであろうか。

Ⅲ　考えてみるには

1　制度後退禁止原則をめぐって

　生存権については、その法的性格（裁判規範性）をめぐって、プログラム規定説、抽象的権利説、具体的権利説の対立が語られてきた。もっとも、今日では、憲法25条の裁判規範性それ自体が問題となることはほとんどない。なぜなら、憲法25条が政治的義務・道徳的指針にすぎないとする純粋なプログラム規定説は今や存在せず、かつ社会保障の主要な領域において憲法25条の趣旨を具体化する立法が一応整備されており、抽象的権利説の立場からも実際上ほとんどの場面で憲法25条が裁判規範として機能する状況にあるためである。

　したがって、現在では憲法25条が裁判規範として機能することを前提に、いかなる場合に、どのように裁判規範として機能するか、つまり憲法25条の趣旨を具体化する法令やその法令に基づく行政行為に対し、どのような憲法適合性審査の枠組みを設定すべきかが問題となる。本章の問題に即していえば、社会保障給付の削減の違憲性をどのような枠組みで判断すべきかが問題となる。なお、「いのちのとりで裁判」では憲法25条が直接持ち出されていないが、通説的な抽象的権利説からすれば生活保護法は憲法25条の具体化立法であるから、生活保護法の違反はすなわち憲法25条違反となる。

　給付削減への対抗策として学説からは、制度後退禁止原則が主張されている。制度後退禁止原則とは、いったん形成された給付水準を切り下げる場合には、形成時と同様の広い裁量は認められず、厳格な司法審査基準ないし羈束裁量による統制が要請されるという考えをいう。この原則は、制度後退を絶対的に禁止するものではなく、制度後退を正当化する合理的な理由について、政府側が論証責任を負うというものである。これに従えば、裁判所は、制度後退を正当

化する政府の説明が実質的な合理性を有するかどうかにつき立ち入った審査をすることが求められる。

　制度後退禁止原則を肯定する見解は、その根拠を、①立法による権利の具体化という抽象的権利説の論理それ自体に求めるものがある。通説的な抽象的権利説によれば、生存権が法律によって具体化された場合、その法律上の権利は具体化された生存権となるため、制度後退は憲法上の権利の侵害にあたり、その合憲性が慎重に審査されなければならないというわけである。また、②制度後退禁止原則を、25条2項（「国は、すべての生活部面について、社会福祉、社会保障および公衆衛生の向上及び増進に努めなければならない」）の要請とする見解もある。さらに、③「生存権の自由権的効果」として、生存権の具体化立法によって何らかの給付がされている場合には、その給付が行われる状態をベースラインとすべきであり、その給付を受ける地位を国が正当な理由もなく剥奪してならないとするものもある。

　これらに対して、制度後退禁止原則を否定する見解は、生存権保障はあくまで最低限度を割り込んではならないという意味での「下限」の保障であることを強調する。すなわち憲法25条は、財産権のようにいったん具体化された権利を既得権として保護する趣旨までを含まず、現状の変更それ自体は、前進であれ後退であれ、生存権の禁ずるところではないとする。制度後退禁止原則を承認することは、下位規範に先行しているはずの憲法上の法規範の内容が、下位の制度の有無（ないし内容）によって逆に規定されてしまうという難点がある、という点も指摘される。

2　最高裁の立場

　社会保障の制度後退の合憲性について正面から最高裁で争われたのが、2004年度から実施された生活保護の老齢加算廃止をめぐる2つの事件である（最判2012・2・28民集66巻3号1240頁〔東京訴訟〕、最判2012・4・2民集66巻6号2367頁〔福岡訴訟〕）。この事件では、老齢加算廃止を内容とする保護変更決定処分が、生活保護法3条、8条、9条、56条、憲法25条1項などに反するとして、その取消しが求められた。最高裁は、老齢加算の改定に際して、①老齢に起因する特別の需要が存するか否かの判断、②加算廃止の具体的方法の選択の判断のいずれについても堀木訴訟判決（最大判1982・7・7民集36巻7号1235頁）を引用し、「最低限度の生活は、抽象的かつ相対的な概念であって、その具体的な内容は、その時々における経済的・社会的条件、一般的な国民生活の状況

等との相関関係において判断決定されるべきものであり、これを保護基準において具体化するに当たっては、高度の専門技術的な考察とそれに基づいた政策的判断を必要とする」ことを根拠に、「厚生労働大臣に…専門技術的かつ政策的な見地からの裁量権が認められる」とした。そのうえで、①については「主として老齢加算の廃止に至る判断の過程及び手続に過誤、欠落があるか否か等の観点から、統計等の客観的な数値等との合理的関連性や専門的知見との整合性の有無等について審査されるべき」という枠組みを設定した（福岡訴訟。東京訴訟の最判もほぼ同様の判断枠組みが設定されている）。②の方法選択については、「裁量判断の結果」に着目する審査の枠組みが設定されているが、実際の具体的検討の場面では判断過程も審査されている。

　老齢加算廃止は老齢加算の受給者に対する不利益変更であるから、生活保護法56条「被保護者は、正当な理由がなければ、既に決定された保護を、不利益に変更されることがない。」に違反するのではないかという点も争われた。しかし最高裁は、「同条にいう正当な理由がある場合とは、既に決定された保護の内容に係る不利益な変更が、同法及びこれに基づく保護基準が定めている変更、停止又は廃止の要件に適合する場合を指す」ため、「保護基準自体が減額改定されることに基づいて保護の内容が減額決定される本件のような場合については、同条が規律するところではない」として、56条違反の主張を斥けている。

　判決では制度後退禁止原則には何ら言及されなかったが、高齢者の特別需要の存否の裁量統制につき、判断過程の合理性ないし過誤・欠落を審査する判断過程合理性審査の系譜に属する判断過程統制審査が採用された点が注目されている。学説からは、単純な裁量論に終わるのではなく、決定過程に対する審査を一段階加えたことで、より綿密な統制の可能性を開くものであると評価できると、概ね肯定的に受け止められている。もっとも、肝心の具体的判断では政府の主張を簡単に追認するにとどまっており、判断過程統制の審査密度の向上が今後の課題として改めて認識されることになった。

　このような最高裁の判断手法は、「いのちのとりで裁判」における冒頭記事の名古屋地裁判決でも踏襲されている。名古屋地裁判決は、老齢加算廃止訴訟判決を引用し、①生活扶助基準を改定する必要性の有無についての判断、②改定の具体的方法の選択について厚労大臣の広い行政裁量を認めたうえで、①については「ゆがみ調整及びデフレ調整による生活扶助基準の改定をした厚生労働大臣の判断に、最低限度の生活の具体化に係る判断の過程及び手続における

過誤、欠落の有無等の観点からみて裁量権の範囲の逸脱又はその濫用があると認められる場合」に違法になるという判断枠組みを設定した。①の裁量統制につき判断過程統制審査が採用されているが、その具体的検討は政府の主張をほぼ追認するものであり、やはり審査密度は高められていない。

　注目すべきなのは、名古屋地裁判決が、原告が主張した制度後退禁止原則を明確に斥けた点である。すなわち、憲法25条1項は、社会経済情勢の変化等によって「健康で文化的な最低限度の生活」の具体的な水準が変動し得ることを当然に予定していること、憲法25条2項は福祉国家の理念に基づき社会的立法および社会的施設の創造拡充に努力すべきことを国の責務として宣言したにとどまるものであることを指摘して、憲法25条が「生活保護制度を後退させることを禁止していると解することはできない」と判示した（生活保護法56条を根拠とする制度後退禁止原則の主張も、老齢加算廃止判決を踏襲して斥けている。）。老齢加算廃止判決に比べると、明らかに一歩踏み込んだ判断を行ったものといえる。

Ⅳ　「答え」を導き出そう

1　制度後退禁止原則と判断過程統制審査

　最高裁は、生存権の領域において「憲法25条の規定の趣旨にこたえて具体的にどのような立法措置を講ずるかの選択決定は、立法府の広い裁量にゆだねられており、それが著しく合理性を欠き明らかに裁量の逸脱・濫用と見ざるをえないような場合を除き、裁判所が審査判断するのに適しない事柄であるといわなければならない」という、政治部門に対する敬譲的な姿勢を崩さない。制度後退禁止原則は、このような裁判所の状況を背景に、給付水準の切り下げという局面に特化して提唱された理論装置といえる。

　制度後退禁止原則を否定する見解は、生存権保障が最低限度の生活という「下限」保障であることを強調する。生存権規定の要請が「下限」保障にとどまるのであれば、立法により具体化される生存権は「下限」のラインのものに限定され、「下限」を上回って制定された部分は単なる法律上の権利にとどまるということになろう。しかし、通説的な抽象的権利説によれば、憲法25条の具体化立法によって具体化される生存権は、「下限」のラインに限定されるものとは考えられていない（芦部・憲法279頁）。また生存権の下限保障にこだわる論者は、「下限」つまり「健康で文化的な最低限度の生活」の確定可能性

を必ずしも認めるわけではない。そうなれば、憲法25条が裁判規範として機能する場面が実質的に失われてしまい、限りなくプログラム規定説に近似する。これは最高裁の一貫した立場に他ならないが、資本主義経済体制においては階級間格差の拡大再生産が不可避であり、かつ社会保障費は財政事情を理由とする削減圧力に脆弱であるという実態に照らせば、憲法25条が制度後退に無関心であると考えることは妥当ではない。これは、憲法25条 2 項の「向上及び増進に努めなければならない」という文言から導かれる帰結でもある。25条 2 項は 1 項と表裏の関係にあるのだから、2 項を単なる努力義務規定やプログラム規定と捉えるべきではない。

　以上のことから、いったん政府によって憲法25条 1 項の趣旨を具体化する制度が構築された場合には、それが最低限度の「下限」保障か否かにかかわらず、制度後退させることを憲法は原則的に想定していないと解すべきである。すなわち、社会保障法上の給付請求権の切り下げは「具体化された生存権」の切り下げであり、政府には切り下げを正当化する説明責任が課せられる。かくして、制度後退の局面においては、政治部門の判断に合憲性の推定が働かず、裁判所は制度後退の合理性を立ち入って審査することが求められる。

　もっとも、制度後退禁止原則を否定する立場をとったとしても、老齢加算廃止訴訟判決のように、判断過程統制審査による裁量統制の途は残されている。制度後退禁止原則も制度後退を絶対禁止するものではなく、合理的理由の説明を政府に求めるにとどまるから、判断過程統制の審査密度を高めることができれば、制度後退禁止原則を採用することとそれ程大きなちがいはなくなるといえる。

2　判断過程統制と狭義の生存権

　名古屋地裁判決による判断過程統制審査は、極めて緩やかな審査密度でしかなかった。審査密度が高められなかったのは、判決が、保護基準の具体化には「国の財政事情を無視することができず、また、多方面にわたる複雑多様な、しかも高度の専門技術的な考察とそれに基づいた政策的判断を必要とする」ものであり、厚生労働大臣は国民感情や国の財政事情を考慮することができると考えているためである。古くは朝日訴訟判決（最大判1967・5・24民集21巻 5 号1043頁）が、最低限度の生活は抽象的な相対的概念であるから、その具体的決定にあたっては、「当時の国民所得ないしその反映である国の財政状態、国民の一般的生活水準、都市と農村における生活の格差、低所得者の生活程度とこ

の層に属する者の全人口において占める割合、生活保護を受けている者の生活
が保護を受けていない多数貧困者の生活より優遇されているのは不当であると
の一部の国民感情および予算配分の事情」といった「生活外的要素」を考慮で
きるとしていた。最近では、老齢加算廃止訴訟判決の調査官が、朝日訴訟最判
と堀木訴訟最判とを併せ読めば「保護基準の設定に当たって財政事情等の生活
外的要素を考慮する必要性は上記各判例の当時と比べても勝るとも劣らず、そ
の判断を基本的に厚生労働大臣の専門技術的ないし政策的裁量に委ねざるを得
ないことは今日において一層明らかなのではないか」と指摘している。

　しかし、このような「生活外的要素」なるものを保護基準の設定にあたって
考慮してよいのであろうか。改めて留意すべきなのは、生活保護法が、文字通
り「健康で文化的な最低限度の生活を営む権利」という狭義の生存権を具体化
する立法だということである。狭義の生存権は、人間らしく生きていくうえで
最低限度の生活に関わるものである以上、その水準は、特定の国や特定の時代
を限定すればある程度客観的に確定できると考えるべきである（市川・基本講
義214頁）。そして、最低限度の生活水準の確定に決定的な役割を果たすのは、
人間らしい生活を営むために充足すべき「必要（ニーズ）」である。したがっ
て、厚労大臣は「要保護者の年齢別、性別、世帯構成別、所在地域別その他保
護の種類に応じて必要な事情」（生活保護法8条2項）および「要保護者の年齢
別、性別、健康状態等その個人又は世帯の実際の必要の相違」（同9条）に依
拠して保護基準を設定しなければならない。「最低限度の水準は決して予算の
有無によって決定されるものではなく、むしろこれを指導支配すべきもの」
（東京地裁1960・10・19行集11巻10号2921頁〔朝日訴訟第一審判決〕）である以上、
狭義の生存権保障を具体化する保護基準の設定にあたっては、国民感情や国の
財政事情といった「生活外的要素」を考慮することは原則として許されないと
いうべきである。

　また、保護基準の設定につき厚労大臣に政策的判断の余地があるとしても、
それは判決も認めるように「高度の専門技術的な考察とそれに基づいた政策的
判断」（傍点：筆者）でなければならない。「高度の専門技術的な考察」は、生
活保護の専門的知見に依拠せざるを得ない以上、保護基準の改定は必ず生活保
護の専門家による検証を経たものでなければならない。厚労大臣が専門的知見
から離れた政策的判断をする場合には、それを正当化するための相当の説明責
任が課せられると解すべきであろう。判断過程の審査は「統計等の客観的な数
値等との合理的関連性や専門的知見との整合性の有無等について審査されるべ

き」という老齢加算廃止判決の判示は、かかる趣旨のものと理解すべきである。

　かくして、生活保護基準の改定に対する判断過程統制審査は、生活保護法8条2項および9条の列挙する考慮要素の重みづけの当否をも審査の対象とする、密度の高められた実質的考慮要素審査に近いものでなければならない。裁判所は、審査対象となる判断過程の射程を広くとり、厚労大臣の判断に先立って専門家による具体的検討がなされたか、専門家の検討が客観的な統計数値や合理的な算出方法を用いられたものであったか、「生活外的要素」が過大に考慮されていないかといった観点から、立ち入った審査を行うことが求められる。

3　名古屋地裁判決

　名古屋地裁判決は、政府の主張を追認し、原告の訴えをすべて退けた。「ゆがみ調整」に対しては、下位10%以下の低所得層の平均消費水準が中位所得階層の約6割に達していること、必需的な耐久消費財の普及状況が中位所得階層と概ね遜色ないこと、下位10%の大部分が相対的貧困にあることなどを理由に、下位10%の低所得層の消費水準と比較することが不合理であるとは言えないとした。しかし、耐久消費財を所持していても切り詰めて使用しているのであれば意味がないし、消費水準も中位所得階層の6割にすぎない。保護基準の設定方式として採用されている水準均衡方式によれば、比較対象は一般国民における消費水準でなければならない。相対的貧困はそれ自体「あってはならない」状況であり、これを「健康で文化的な最低限度の生活」の基準点と考えること自体問題である。

　また「デフレ調整」について判決は、ウェイトとして使用する数値が期首のものか期末のものかの違いにすぎず、同一の算定期間で異なる算定方式を組み合わせることになったとしても理論的根拠を欠くものとまではいえないとした。しかし、「生活扶助相当CPI」を用いても「ラスパイレス方式」で算出すれば2008年度から2010年度の物価下落率は1.8%であり、厚労省の「パーシェ方式」による4.78%と大きな差がある（「生活扶助相当CPI」ではなく、保護受給世帯の消費動向を反映した社会保障生計調査のデータを用いれば2008年度から2011年度で約0.6%の下落率にすぎない）といった試算も指摘されていること、そして保護基準の切り下げが日本のナショナル・ミニマムを切り下げる重大な意味を持つことも踏まえれば、裁判所としては、世界各国も総務省も物価指数を「ラスパイレス方式」を用いて計算しているにもかかわらず、なぜ厚労省は今回あえて下落率が最大化する異例の方式を用いたのか、より立ち入った説明を求め

るべきであった。

　また、物価下落と保護基準との関係について基準部会の検証を経ていないという点について、判決は「社会保障審議会等の専門家の検討を経ることを義務付ける法令上の根拠が見当たらず」違法ではないとしている。しかし、判決も認めるように、保護基準の設定は「高度の専門技術的な考察とそれに基づいた政策的判断」でなければならないのだから、専門家の検証を不要とするのは背理である。「高度の専門技術的な考察」は憲法25条からの要請であり、法令上の根拠が見当たらないことはこれを不要とする理由とはならない。

　政治部門が際限なく社会保障制度の後退を企てる現状において、裁判所が政治部門の判断に敬譲し続けることが、生存権保障の実現に向けた政治部門と裁判所とのあるべき「協働」の姿といえるであろうか。人間らしい生活を営むためには、人間らしく生きていくための「必要（ニーズ）」を充足させる以外にない。この点についての裁判所の認識が根本的に改められない限り、生存権訴訟の未来に多くを期待することは難しいといわざるを得ない。

［参考文献］
・棟居快行『憲法学の可能性』（信山社、2012年）389頁
・松本和彦＝小山剛＝駒村圭吾編『論点探求〔第2版〕』（日本評論、2013年）261頁［松本和彦］
・渡辺康行「憲法上の権利と行政裁量権」長谷部恭男ほか編『現代立憲主義の諸相（上）──高橋和之先生古稀記念』（有斐閣、2013年）325頁
・尾形健「生存権保障」曽我部真裕ほか編『論点教室憲法〔第2版〕』（日本評論社、2020年）157頁

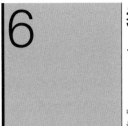

6 教育を受ける権利
——公教育としての道徳教育と　子どもの思想・良心の自由

中村学園大学短期大学部准教授
橋本一雄

I｜報道によると

「（アクセス）教育勅語 復権へじわり　『今日にも通用』下村氏、局長答弁を変更か」（毎日新聞、2018年12月25日）

　「教育勅語を学校の教材に利用しよう」という発言が閣僚から相次ぐ。10月に柴山昌彦文部科学相が「道徳に使えるという意味で普遍性がある」などと述べ、4年前にも当時の下村博文文科相が教材利用を容認した。受け皿となる道徳の授業も教師が子供を評価する「教科」に格上げされ、教育勅語復権の舞台が整ったように見えるとの指摘もある。この問題をどう考えるべきか。【中川聡子】

　戦後、日本国憲法に基づく教育基本法が制定され、教育勅語は軍国主義の精神的支柱として国会で排除・失効が確認された。以来、文科省は学校での教材利用を認めてこなかった。

　文科相だった下村氏は2014年4月8日の参院文教科学委員会で、柴山氏とほぼ同様の答弁をした。その舞台裏を、当時同省の局長だった前川喜平氏が毎日新聞の取材に証言した。

　委員会で予定されていた「教材利用すべきだ」との質問に、前川氏は従来の見解に基づく局長答弁を用意した。ところが、当日早朝の打ち合わせで下村氏から「今日にも通用する普遍的な内容が含まれ、教材使用は差し支えない」と書き直すよう命じられた。「大臣自ら局長答弁変更を指示するのは異例だが、従うしかなかった」と前川氏は振り返る。

　「憲法に抵触するかもしれない」と答弁をためらっていた前川氏は、とっさに「普遍的な」を省き、教材利用について「考えられる、というふうに考えております」と答えた。この直後に下村氏が答弁で「差し支えない」と踏み込んだ。

　「良心のアラームが鳴った」と前川氏は回想する。「おかしな日本語になった

安倍政権下の道徳教科化の経緯と教育勅語を巡る発言　※肩書は当時

[道]道徳教科化の経緯　[教]教育勅語を巡る発言

第1次安倍政権

2006年 6月2日 安倍晋三官房長官	[教]（教育勅語には）「子を親に孝養を尽くす」「夫婦は温かい家庭を築く」など大変素晴らしい理念が書いてある＝衆院教育基本法特別委員会で
9月	[道]第1次安倍政権発足（～07年9月）
10月	[道]首相直属の教育再生会議発足
12月	[道]改正教育基本法が成立。教育の目標に「我が国と郷土を愛する態度を養う」（愛国心）が盛り込まれる
07年 3月	[道]教育再生会議が道徳教科化提言の方針固める
4月	[道]中央教育審議会が道徳の教科化を否定

第2次安倍政権以降

12年12月	[道]第2次安倍政権発足
13年 1月	[道]首相直属の教育再生実行会議が発足
2月	[道]教育再生実行会議が道徳教科化を提言
14年 4月8日 下村博文文部科学相	[教]教育勅語の中身そのものは今日でも通用する普遍的なものがある。学校で教材として使うことは差し支えないと思う＝参院文教科学委員会で
10月	[道]中央教育審議会が道徳の教科化を提言
15年 3月	[道]学習指導要領改定し「特別の教科・道徳」加える
9月5日 安倍昭恵氏	[教]（園児に教育勅語を朗唱させる森友学園系列の塚本幼稚園の教育方針について）主人もたいへん素晴らしいと思っている＝同幼稚園で講演
17年 3月8日 稲田朋美防衛相	[教]教育勅語の精神、日本が道義国家を目指すという精神は今も取り戻すべきだと考えている＝参院予算委員会で
3月31日	[教]政府が「教育勅語を憲法や教育基本法などに反しないような形で教材として用いることまでは否定されることではない」との答弁書を閣議決定
4月3日 菅義偉官房長官	[教]親を大切にするとか、兄弟姉妹が仲良くするといった項目があり、適切な配慮のもと、教材使用自体に問題はない＝記者会見で
18年 4月	[道]小学校で道徳が教科化
10月2日 柴山昌彦文部科学相	[教]教育勅語は、現代風に解釈されたりアレンジした形で今の道徳などに使うには十分だという意味では、普遍性を持っていると思う＝就任記者会見で
19年 4月	[道]中学校で道徳が教科化

が『差し支えない』などとは言えない。局長答弁で終わるはずだったが、下村氏が私の答弁に不満で自ら答弁したのでしょう」

この経緯について下村氏に文書で質問したが、期限までに回答がなかった。

教科としての道徳は今春に小学校で始まり、来春には中学校にも導入される。第1次と第2次以降の安倍晋三政権7年を通してみると、首相が道徳教科化の実現に執念を燃やしてきたことがわかる。その一方で閣僚らから教育勅語の容認論が相次ぎ、昨年には閣議決定までされた。日本国憲法に基づく教育基本法が改正され、「国を愛する態度を養うこと」（愛国心）が教育目標に加わったのも、第1次政権の時だった。

今の道徳の学習指導要領には父母らへの敬愛などの徳目が含まれており、前川氏は教育勅語が復活しつつあると見る。小学校社会科の指導要領には「天皇についての理解と敬愛の念を深める」とあり、「これを道徳の指導要領に入れようという議論が始まると思う」と懸念している。

■ 否定の理由、歴史に学べ

教育勅語の教材利用をどう見るか。

教材利用を支持する憲法学者の百地章・国士舘大特任教授は「そのままの復活はできないが、戦後に日本人が自ら否定したというより占領軍の意向が強い。親孝行などの徳目は時代や国を超え有意義だ。問題視される『（君主への）忠』は"愛国心"、『一旦緩急あれば義勇公に奉じ』は"緊急時には同胞のため力を

合わせて”と読み替えられる」と擁護する。道徳教育について「戦前の修身と同様に徳目と人物中心主義であるべきだ。日本人ほど国家意識の低い国民はいない。国や共同体を大切に思う心を育てるのも教育の役割だ」と話す。

　元文科官僚の寺脇研・京都造形芸術大客員教授は、教育勅語肯定論を「動物愛護はよいと江戸時代の『生類憐（しょうるいあわ）れみの令』を復活させるようなものだ」と疑問視する。寺脇氏によると、神戸連続児童殺傷など子供の事件が相次いだ1990年代に道徳教育が叫ばれ、文科省は自身の内面を記す副教材「心のノート」配布や大人と子供の対話を促す社会教育の取り組みで成果を上げた。事態が落ち着いたあと、第1次安倍政権が道徳教科化を進める。寺脇氏は「政府は大津いじめ死事件を理由に挙げたが、後付けで子供のためではない。教育勅語も左翼偏向教育も同じだが、子供が自ら考えるのではなく道徳を教条主義的に説くのが問題だ」と批判する。

　政治学者の白井聡・京都精華大専任講師は、教育勅語について「国家権力が個人の私生活や内面に土足で踏み込むのを許した天皇制ファシズムの土台で、肯定できる代物ではない」と言う。戦後日本を「米国にひたすら従属する一方、国内やアジア向けには敗戦の事実を否認してきた」と分析する白井氏は、教育勅語復権論を「敗戦の否認を象徴する言説」と見る。「政治家を含む日本人全体が一種病的な精神構造で戦後を生きてきた。教育勅語がなぜ否定されたか歴史的事実を素直に学び、理解することができない状態にある。こうした教育の先に何が待つのか。日本は再び破滅を経験するかもしれない」と警鐘を鳴らしている。

> 【関連条文】
> 憲法13条　すべて国民は、個人として尊重される。生命、自由及び幸福
> 　追求に対する国民の権利については、公共の福祉に反しない限り、立法
> 　その他の国政の上で、最大の尊重を必要とする。
> 19条　思想及び良心の自由は、これを侵してはならない。
> 23条　学問の自由は、これを保障する。
> 26条　すべて国民は、法律の定めるところにより、その能力に応じて、
> 　ひとしく教育を受ける権利を有する。
> 2　すべて国民は、法律の定めるところにより、その保護する子女に普通
> 　教育を受けさせる義務を負ふ。義務教育は、これを無償とする。

Ⅱ 何が問題なのか

1 教育内容決定権を有するのは「国家」か「国民」か

　学校教育の内容の決定に国はどこまで関与することができるのか。この問題は戦後の日本の教育裁判で長らく争われてきた論点である。憲法26条で規定された国民の教育を受ける権利を保障するための学校教育の制度は教育基本法や学校教育法といった法律によって具体化されている。そこでは、文部科学大臣の教科書検定に合格した教科書を使用して授業を行うこと（学校教育法34条1項他）や学校教育の内容を意味する教育課程についても文部科学大臣が定めることとされており（同33条）、この点からしても教育内容を国が決定することは一見自明のことのように思える。しかし、国が司る教育行政には、同時に、政治的あるいは宗教的にも中立かつ公正なものでなければならないという中立性の原則も併せて規定されており（教育基本法14・15・16条）、国はこの中立性の原則を堅持しながら教育行政を運営することが求められている。1960年代から70年代にかけて、当時の文部省などが主張した（教育内容を決定する権限は国にあるとする）「国家の教育権」説と呼ばれる学説に対し、教師を中心とする「国民」にこそその決定権があるべきだとする「国民の教育権」説が提唱され、当該教育権論争は戦後の日本の憲法問題として長らく争われてきた。この点、最高裁判所は旭川学力テスト事件判決（最大判1976・5・21刑集30巻5号615頁）において「必要かつ相当と認められる範囲において」国に教育内容を決定する権限が認められるものの、教育内容への「国家的介入についてはできるだけ抑制的であることが要請され」、「子どもが自由かつ独立の人格として成長することを妨げるような国家的介入、例えば、誤った知識や一方的な観念を子どもに植えつけるような内容の教育を施すことを強制するようなことは、憲法26条、13条の規定上からも許されない」との判断を示し、最高裁判所が示したこの折衷説が学説でも通説となっている（市川・ケースメソッド220–231頁）。

2 学校教育は子どもに「価値」の教育を行ってよいのか

　しかし、国が教育内容に一定の決定権を持つのだとしても、当該最高裁判決が示すように「子どもが自由かつ独立の人格として成長することを妨げる」ような教育内容は憲法違反となる可能性があり、将来の主権者となる子どもの人格の形成を左右する学校教育の内容は、中立性の要請とのあいだで絶えず緊張関係に立つ。この点で、子ども個人の心のあり方を取り扱う道徳を成績評価が

伴う「教科」として学校教育の内容とすることや、その規範として戦前の教育勅語を掲げることは、本来中立性が要請される学校教育において許されるのか。道徳教育については国が教育内容として定めた「価値」を教育することにもなりうるため、その是非が問題となる。本記事のように、道徳の規範として教育勅語を掲げることは「修身」の授業を通して国家道徳の教化が図られた旧憲法下での教育体制を彷彿させるものであり、仮に学校教育で道徳教育を行いうると考えるとしても、教育勅語のような国家が定めた道徳的価値を教育することが許されるのかが子どもの思想・良心の自由の保障をめぐって別立てて問題となるのである。

Ⅲ｜考えてみるには

1　日本国憲法と憲法的価値の教育

　憲法26条に規定された教育を受ける権利は、その条文の位置づけからも社会権として位置づけられる権利であり、学校教育は、教育基本法や学校教育法といった法律にもとづいて国によってその教育課程（教育内容）が示される（なお、教育を受ける権利は近代以降の学校教育の成り立ちを考えれば、本来は自由権に由来する権利であって、今日の学説では自由権的側面と社会権的側面とを併せ持つ複合的な権利としてとらえられている〔野中ほか・憲法Ⅰ517頁〕）。そこで問題とされてきたのは、学校教育の内容が学術的な「真理」の教育に限定されるべきか、あるいは「価値」を伴う教育であってもよいのかという問題である。つまり、近代以降の学校教育は、義務制、無償性を備えた広く国民に開かれた学校教育制度となった一方、それは国民の誰もが通うことのできる中立性を備えたものでなければならず、教育内容は、自ずと読み書きソロバンといった「知育」を主とするものへと収斂されることとなった（杉原泰雄『憲法と公教育』〔勁草書房、2011年〕84頁）。また、戦前の日本では1890年に教育勅語が発布され、国民的な道徳を修得させるための科目として当時の学校教育に設置された「修身」の授業や、各学校で重視されるようになっていた儀式を通じて国家道徳的な「価値」の共有化が図られて行ったという教訓をも踏まえ（池田・後掲文献52頁）、戦後の日本では学校教育の内容として「真理」と「価値」のすみ分けが議論されるようになったという背景もある。本記事が道徳の教科化と教育勅語の復活に関する発言を報じているのも国家が定めた道徳的価値の共有が図られた戦前の学校教育への回帰の傾向に警鐘を鳴らすものとして見るこ

とができる。

　戦後の日本の憲法学では、学校教育で日本国憲法の掲げる価値を教育することの是非が議論されてきた。すなわち、学校教育の内容がいわゆる読み書きソロバンといった（価値を伴わない）「真理」の教育に限定されるべきか、あるいは自由や民主主義といった日本国憲法の掲げる「価値」を伴うものであってもよいのかという論争である。憲法が掲げる価値を含め学校教育ではあらゆる価値の教育が許されないと考える学説は、「教育を通じて国民に憲法価値を注入し、そのことにより既存の憲法秩序（国家体制）を保持しようとする契機が含まれている」とし、憲法的価値の「教え込み」を通じた国家体制維持機能に着目する。そのうえで「国民の憲法忠誠義務を明示していない日本国憲法の下では、憲法的価値といえどもその教え込みを憲法の規範的要請とは介しえない」として、憲法的価値の教育を否定するのである（成嶋隆「教育と憲法」樋口陽一編『講座　憲法学4』〔日本評論社、1994年〕123–126頁）。これに対し、憲法的価値の教育を肯定する見解もある。この立場に立つ代表的な学説は、「『教育を受ける権利』は（略）将来の主権者たる国民を育成するという方向の、そうした内容の教育、つまり主権者教育を受けうる権利であるはずである」とし、時の政治状況によって国家権力が恣意的に教育内容を決定することを避けるためにも憲法的価値の教育を行うことの必要性を説く（永井憲一『憲法と教育基本権』〔勁草書房、1970年〕250–251頁）。また、この立場を評価する別の学説では、憲法的価値を含め価値教育に求められるのは中立性であり、特定の価値の「教化」とならないよう選択的に価値や思想を教えることが否定されてはならないとして、このような価値の選択的な提示によって最低限の道徳規範等を学校教育の内容とすることを肯定する（戸波江二「教育法の基礎概念の批判的検討」戸波江二＝西原博史編『子ども中心の教育法理論に向けて』〔エイデル研究所、2006年〕18–70頁）。あるいは、科学的真理という価値、言語及び憲法的価値は「イデオロギーの教化や洗脳とは異なる」「"学校知"というふるい（…）にかけられた価値」（傍点原著者）であり、学校教育は本来こうした一定の価値の教え込みとしての側面を有しているとして「価値」の教育を肯定する説もある（内野正幸『表現・教育・宗教と人権』〔弘文堂、2010年〕156–157頁）。

2　価値教育と子どもの思想・良心の自由

　このように憲法学においては学校教育における価値教育の是非をめぐり、憲法的価値の教育が許容されるか否かが主たる論点とされてきた。しかし、仮に

学校教育において一定の価値教育が肯定されると考えるにしても、本記事のように教科として学校教育に設置された道徳の授業で道徳的価値を教育することは子どもの思想・良心の自由を侵害することになるのではないかが憲法上の問題となりうる。本記事中の「憲法に抵触するかもしれない」という当時の文部官僚の回想にあるように、学校教育において道徳教育を行うことは、その規範を何とするかという内容の問題を含め、子どもの内心を形成する自由との兼ね合いが問題となるためである。

(1)　子どもの思想・良心の自由

　そもそも、子どもも日本国憲法が保障する人権の享有主体となりうるであろうか。日本国憲法11条は「国民は、すべての基本的人権の享有を妨げられない」とし、それが「現在及び将来の国民に与へられる」ことを規定している。この点について、学説は「人権の主体としての人間たるの資格が、その年齢に無関係であるべきことは、いうまでもない」（宮澤・憲法Ⅱ75頁）とし、「人権の性質によっては、一応その社会の成員として成熟した人間を眼中に置き、それに至らない人間に対しては、多かれ少なかれ特例をみとめることが、ことの性質上、是認される場合もある」としてパターナリズムの観点から子どもの人権が一部制約されうる場合があるとしている（同246頁）。判例も、当時中学生であった原告が自らの内申書の記載内容をめぐって争われた麹町中学内申書事件最高裁判決において、子どもの人権享有主体性を肯定しており（最二小判1988・7・15・判時1287号65頁）、子どもも当然に日本国憲法が保障する人権享有の主体となりうることに争いはない。飲酒や喫煙が個別の法律によって禁止されているように、子どもの権利が一部制限されることがありうるのは、発達の途上にある子どもを国家が保護し監護することを通じて、子どもの発達を支援するという保護と自律の観点からである（米沢広一『憲法と教育15講〔第4版〕』〔北樹出版、2016年〕24-26頁）。そこで、憲法19条が保障する思想・良心の自由が子どもにも及ぶかが問題となる。まず、憲法19条が保障する内心のうちどこまでが「思想・良心」の保障が及ぶのかをめぐっては、世界観や人生観、主義、主張といった人格的かつ内面的な精神作用に限定して保障の範囲を捉える説（信条説）と是非弁別を含み広く一般的な内心領域を保障するとする説（内心説）との学説上の争いがある（市川・基本講義116頁）。しかし、発達の途上にある子どもが世界観や人生観を形成していく過程の自由を保障しなければ、結果として、すでにできあがった「主義」を持つ者だけの内心の自由が保

障されることになるとともに、「完成した思想・良心を揺るぎない形で持っている人などどこにもいない」と考えるならば、仮に信条説の立場に立つとしても、子どもには、世界観や人生観、主義、主張を確立するまでには至っていない一定の思想・良心の自由についても「思想・良心を形成する自由」としてその保障が及ぶものと考えられる（西原・後掲文献108-113頁）。

(2)　親の子どもに対する教育の権利と義務との関係

　一方で、子どもの道徳教育を考える際には、近代以降の学校教育の位置づけを改めて振り返る必要があろう。すなわち、民法820条では子どもを教育する権利と義務は親にあることが明記されており、そもそも憲法26条2項も親が子どもに教育を受けさせる義務を課す規定である。こうした学校教育制度の法的な枠組みは近代公教育の成り立ちに由来するものである。元来、子どもを教育する権利と義務は親が有するものであるが、現実の社会に求められる多様な知識や技能を子どもに習得させるためには親が個別に子どもの教育を行うことは事実上不可能であること、また親が個別に子どもを教育することになれば親の文化的・経済的な格差が子どもに連鎖することになり、結果として社会的な格差の連鎖が断ち切れないこと等から、近代以降は、親が子どもを教育する権利を国に委託する形で学校教育の制度が確立されてきた（こうした観点から近代以降の学校教育は「私事の組織化」や「親義務の共同化」といった概念で示されることもある（堀尾輝久『現代教育の思想と構造』〔岩波書店、1971年〕167-172頁））。民法820条が親の子どもに対する教育の権利と義務を規定し、憲法26条2項で子どもに教育を受けさせる義務を親に課しているのは上記のような「親義務の共同化」としての近代公教育の枠組みを反映したものである。

(3)　学校教育の使命と中立性の原則

　このように組織化された学校教育は、集団生活の中で協調性を培い、現実社会で求められる多様な知識や技能を獲得することで次世代の社会の担い手（主権者）を育成するという機能を担うことになる。戦前の日本では、次世代の社会の担い手を育成するという学校教育の機能を介する形で国家レベルでの道徳規範として教育勅語が掲げられ、「修身」の授業や各種の儀式を通じて子どもへの浸透を図り、軍国主義的な国家形成の一翼を担った。現行の教育基本法16条1項では、教育は「不当な支配に服することなく」、「公正かつ適正に行われなければならない」旨が定められているのも、時の政治権力によって教育

内容が歪められることのないよう公教育の独立性を規定したものである（西原博史「教育行政」後掲文献『新基本法コンメンタール教育関係法』61-62頁）。したがって、次世代の社会の担い手を育成する使命を担う学校教育には、絶えず国家からの一定の独立性の確保が問われなければならないのである。

　また、義務化、無償化を前提とする近代以降の学校教育は、それぞれの家庭の状況に応じて社会的、文化的背景の異なる子どもの誰もが通うことのできるよう中立性の要請を併せて請け負うこととなった。教育基本法14条1項は「良識ある公民」となるための「政治的教養」を尊重する姿勢を示しつつ、同2項では特定の政党を支持したり反対するための政治教育及び政治的活動を禁じている。このことは宗教に関する態度や教養等を尊重しつつも、宗教教育を禁じている教育基本法15条1項と2項の関係と同様である。つまり、子どもの政治的、宗教的な態度や教養等を尊重するために、学校教育には政治的、宗教的な中立性が求められるのであり、こうした中立性の原則は近代以降の学校教育の原則の1つとして数えられるものである。

⑷　学校における道徳教育

　本記事が報じるように、2006年に改正された教育基本法には「我が国と郷土を愛する（略）態度を養う」ことを教育の目標とする条項（2条5号）が新たに設けられ、2018年からは「道徳」が学校教育の教科として位置づけられた。さらに、政治権力を担う閣僚からは教育勅語の復活をめぐる発言が相次いでなされたこともあり、道徳教育をめぐる論点は、時として戦前への復古か否かという文脈で焦点化されてきた傾向がある。しかし、学校において道徳教育を行うべきか否かという問題と道徳教育の規範として教育勅語を（部分的にでも）復活させるべきか否かという問題は区分して検討されるべき論点であり、そもそも前者の問題はどのような憲法問題を提起しているのかを整理する必要があろう。この点、本記事において示されている見解の他、学説には、子どもの思想・良心の自由を保障する観点から学校が道徳教育の担い手となるのは困難であるとの見解が存在する。その論拠として、学校は本来親の子どもへの教育の権利を代位していること、中立性が要請される学校教育において「正しい」道徳教育の内容を定めることは不可能であること等が挙げられ、道徳教育は子どもの本来の教育の担い手である親が行うべきものであるとする見解である（西原・後掲文献112-113頁）。

Ⅳ 「答え」を導き出そう

1 学校教育の使命と道徳教育

(1) 教育を受ける機会を保障する目的

　この問題を考える際には、近代以降の学校教育制度が、義務制、無償性と中立性を原則とするという、その本来の目的を改めて思い起こす必要があろう。つまり、親の社会的、文化的、あるいは経済的な背景に左右されることなく、子どもがひとしく教育を受ける権利を保障するという学校教育の目的である。憲法26条1項とそれを具体化している教育基本法4条1項に規定された教育の機会均等に関する条文は、一義的には、教育を受けるうえでの差別を禁じる規定であり、どのような背景を持った子どもであってもひとしく教育を受ける機会が保障されることを定めたものである。しかし、さらに踏み込んでその目的を読み解くならば、親が有する社会的、文化的あるいは経済的な属性からひとたび子どもを解放し、学校という公共空間で子どもの教育を受ける機会をひとしく保障することによって、親から子どもへの社会階層の（負の）連鎖を一定程度断ち切る機会を与えるという目的に辿り着く。つまり、今日においても、子どもの学力や学歴は親の学歴や経済力を介して子どもにも連鎖して行く傾向が社会学の研究から明らかにされており、親から子への社会階層の（負の）連鎖を一定程度断ち切るためにも教育の機会均等の実現が学校教育の目的の1つとして掲げられているのである。

(2) 道徳教育の担い手は誰か

　学校教育の目的をこのように捉えるとき、道徳教育を学校教育から切り離して親をその担い手とする見解には疑念が残る。学校教育の目的には、親の社会的属性を排除し、学校という公共空間において子どもにひとしく教育を受ける権利を保障する目的が含まれると考えるならば、道徳教育を学校教育から切り離して親の責務とすることは、結果として、子どもの教育を親の教育の範疇へと押し返しているにすぎない。学校教育の使命を社会を担う次世代の育成の観点からとらえるのであれば、道徳的価値を扱うことを学校教育の範疇から除外するよりも、むしろ、イデオロギーの教化や価値の強制とならないような教育方法を研究し、確立していくことこそ学校教育に求められる本来の姿勢であろう。確かに道徳教育は特定の価値を扱うものであり、（徳育とは区別される）知育を中心とする近代以降の学校教育が特定の価値を扱うことには慎重な姿勢が

求められる。また、戦前の日本では教育勅語が国家レベルでの道徳規範として掲げられ、学校では「修身」の授業や儀式を通じて国家道徳の涵養が図られて行ったという歴史的な教訓も戦後の日本の学校教育が道徳的価値に関与することに慎重とならざるを得なかった大きな理由であった。しかしながら、道徳に限らず、学校教育の内容を脱価値的なものに限定することは現実的には不可能に近い。そうであるならば、「価値」を伴うがゆえに道徳教育を学校から遠ざけるのではなく、道徳以外の各教科の教育内容においても一定の「価値」が付随することを前提としたうえで、対立する「価値」や見解を提示し、議論を通じて学びを深める過程で子どもが自らの「価値」を選択的に学び取り、何が正解かを見つけ出す能力を養うことこそ学校教育に求められる本来の使命といえよう。

2　学校の中立性、独立性と道徳教育

　もっとも、このように学校における道徳教育の実施を肯定的に捉えるとしても、そこにはいくつかの留保が伴う。１つは、学校における道徳教育は決して「正しい道徳」を子どもに教え込むものであってはならない。このことは、子どもの思想・良心の自由が「思想・良心を形成する自由」として保障されるものと理解されることからも説明しうる事柄である。したがって、教材を読み登場人物の心情に共感することを促し、その正解を示すといった教育方法は、特定の価値の教化に他ならず、子どもの思想・良心の自由を侵害するものといえる。学校において道徳教育を行う際に重要なのは、現実の社会には多様な価値が存在することを理解し、他者の見解に耳を傾け、議論する過程で、自らが選択的に「価値」を学び取っていく教育の機会を保障することにある。こうした道徳教育の方法は、社会科教育を始めとする他の教科教育にも同様にあてはまる事柄といえるだろう。他方、留保すべき２つ目の点は、学校教育に求められる中立性や独立性との関係である。国が司る教育行政は、時の政治権力の思想や主義、主張の影響を受けやすいものであることは、戦前の日本の例に限らず、世界史的にもその例証は枚挙に暇がない。それゆえ、学校教育は政治権力からいかに独立性を保ち、政治的中立性を維持し続けることができるのかという問題を常に内包している。近代以降の学校教育、わけても戦後の日本の学校教育制度は、戦前のような陥穽に陥らぬよう、教育の中立性と独立性に関する規定を設け、その確保に向けた論争が今日に至るまで続けられてきたのである。

　近年、時の政権が教育基本法を改正し、道徳の教科化を推し進めてきたこと

も、それが仮に次世代の社会を担う子どもの道徳的素養の獲得を真に目指すものであるならば、学校教育を介して国家道徳の教化が図られた戦前の教育勅語の復活論と道徳教育とを厳格に区別してその意図が説明されるべきである。教育行政の担い手は、次世代の社会の担い手を育成するという学校教育の使命が、学校教育の中立性と独立性を確保することによって初めて全うされるものであることを改めて想起する必要があろう。

[参考文献]

・池田賢市「道徳の教科化がもたらす問題点——評価による内心の問題化と行動統制について」公教育計画学会年報第6号（2015年）46-60頁
・伊藤良高＝冨江英俊＝大津尚志＝永野典詞＝冨田晴生編『改訂版　道徳教育のフロンティア』（晃洋書房、2019年）
・江口勇治「法教育の現状と課題」法律時報92巻1号（2020年）5-10頁
・兼子仁編『教育判例百選〔第3版〕』（有斐閣、2015年）
・北川善英「公教育と価値教育」法の科学50号（2019年）101-102頁
・西原博史『良心の自由と子どもたち』（岩波書店、2006年）
・廣澤明「義務教育」荒牧重人＝小川正人＝窪田眞二＝西原博史編『新基本法コンメンタール教育関係法』（日本評論社、2015年）22-26頁
・リヒテルズ直子＝苫野一徳『公教育をイチから考えよう』（日本評論社、2016年）

7 勤労者の権利
——地方公務員の労働協約締結権・争議権

立命館大学教授
倉田原志

I｜報道によると

1 「非正規公務員の労働条件 悪化？　法改正 20万人、基本権失う恐れ」（朝日新聞、2017年 6 月26日）

　改正地方公務員法が 5 月に成立し、自治体で働く非正規公務員に「会計年度任用職員」という新たな身分が設けられる。不透明な採用方法を改め、身分が不安定な非正規公務員の処遇を改善するのが狙いだが、法改正に伴い、約20万人の非正規公務員が労働組合をつくって交渉する労働基本権を失うおそれがある。労働条件悪化への懸念も出ている。

　改正法成立から約 2 週間後の 5 月24日。（中略）四つの労働組合が国際労働機関（ILO）に対し、法改正が ILO87号条約、同98号条約に違反すると申し立てた。87号は結社の自由や労働者の団結権の保護、98号は団結権や団体交渉権の保護を定める基本条約で、日本はいずれも批准している。

　四つの労組にはいずれも、自治体で働く非正規公務員が加わっている。申し立ては、2020年 4 月に予定される改正法の施行を中止することや、非正規公務員に労働基本権を与えることを日本政府に勧告するよう求める内容だ。

　非正規公務員の採用根拠には現在、「特別職」「一般職」「臨時的任用」の三つがある。採用の根拠にはっきりした規定はなく、自治体によってばらばらだ。

　三つのうち労働組合法が適用されるのは「特別職」だけ。ストライキをしたり労働協約を結んだりする権利があり、自治体ともめた時に労働委員会に救済を申し立てることもできる。

　特別職は約22万人。非正規公務員全体の 3 分の 1 を占める。自治体によっては、特別職が労働組合をつくって自治体と交渉し、労働条件を改善してきたところがある。労働協約を結べるので、改善した労働条件を守ることもできた。

　改正法は、特別職を「専門的な知識・経験がある人」に限って絞り込むこと

を目指している。あいまいだった身分を厳格に整理するのが狙い。それ以外の人は、最長1年ごとの採用となる会計年度任用職員に「ほとんどが移る」（総務省）とみられている。

同時に成立した改正地方自治法に「官製ワーキングプア」とも指摘される非正規公務員に賞与を支払う根拠が明記され、処遇改善が一歩進む可能性は出てきた。一方で、特別職でなくなる多くの非正規公務員が、これまで認められてきた大事な権利を失いかねない事態になっている。（後略）

2 「（現場へ！）官製ワーキングプア④ 非正規こそ労働基本権が必要」
（朝日新聞、2020年3月19日）

非正規公務員問題に取り組むNPO「官製ワーキングプア研究会」の事務所は東京都新宿区にある。2月2日の日曜日、昼過ぎに訪れると、4本の回線にひっきりなしにかかってくる電話の対応にメンバーが追われていた。

4月から新制度の「会計年度任用職員」が始まるために開かれた電話相談。「月給が減る」「更新されない」。2日間で計91件の問い合わせがあった。

（中略）

地方公務員法（地公法）で公務員の労働基本権は制約されている。スト権はなく、労働協約を結ぶことはできない。非正規公務員も同じ扱いだが、例外がある。「特別職」だ。

特別職は本来専門職で、恒常的な仕事は考えられていない。それなのに、自治体が非正規を増やすときに特別職を使った。非正規公務員の3分の1を占め、学校や保育園など多くの職場にいる。

特別職に労働基本権があることを活用して、自治体と団体交渉を行い、労働協約を結んできた労組は少なくない。（中略）

ところが、会計年度任用職員を導入する地公法改正で、特別職として採用する条件は厳格になる。特別職の多くは会計年度任用職員に移り、他の公務員と同じように労働基本権が制約される（以下略）

【関連条文】

憲法28条 勤労者の団結する権利及び団体交渉その他の団体行動をする権利は、これを保障する。

Ⅱ　何が問題なのか

　地方公務員にも常勤ではなく、原則として任期付きで雇用され、常勤の職員に比べて、賃金をはじめ不利な労働条件で雇用される多くの職員がおり、これらの職員は非正規公務員と呼ばれることがある。収入が十分でなく貧困状態にある場合もあり、この常勤職員との格差は国家・地方自治体が直接につくりだすものであるので、官製ワーキングプアとも呼ばれ、格差社会の１つのあらわれとして、問題とされてきた。有期雇用については、例外的なものとして、その職務から必要とされるものに限定されるべきであり、そもそも有期雇用であることだけを理由として労働条件に差をつけることもできないと考えられるが、公務員においても、民間企業における非正規雇用の増大と同じように、人件費の削減が意図され、雇用の「調整弁」として非正規公務員が多くなってきたのである。

　地方公務員法（地公法）も周知のとおり、労働協約締結権・争議権などの労働基本権を制限している（Ⅲ 1 ⑵参照）。Ⅰで示されているように2020年４月から施行されている地公法では、地公法が適用されずに労働組合法（労組法）が適用され、労働協約締結および争議行為が可能であった「特別職」の公務員がしぼりこまれることになり、従来の「特別職」としての非正規公務員であった人が、「会計年度任用職員」となれば、従来は可能であった労働協約締結および争議行為が不可能になった。たしかに、現在、少なくとも従来の「特別職」の地方公務員の労働条件の切り下げを防ぎ、さらにどのように改善していくかも問われており、正規公務員と非正規公務員の労働条件の格差の存在を問題とし、その格差を解消する方法を検討することも重要な問題である。しかし、「特別職」として採用される人が限定されることからしても、非正規公務員をも含む公務員全体の労働条件の維持・改善のためには、より根本的にはすべての地方公務員（国家公務員もであるが）に対する労働基本権の保障について考える必要があると思われる。そこで、以下では、地方公務員に労働協約締結権、争議権を認めていない地公法は、憲法28条に違反しないかをあらためて検討することにしたい。

Ⅲ　考えてみるには

1　公務員に関する労働基本権の制限

(1)　制限に至る経過

　第二次世界大戦後の５大改革の１つである労働改革の一環として、日本国憲法の制定に先立ち、1945年12月22日に公布された旧労組法では、公務員を「労働者」の概念に包摂し、公務員にも原則的に団結権を保障しようとする基本的立場に立ち（片岡昇「官公労働法の形成とその現代的意義」法時臨増753号（1989年）９頁参照）、労働組合結成・加入が禁止されたのは、警察官吏・消防職員・監獄職員だけであった（旧労組法４条１項）。1946年９月27日に公布された旧労働関係調整法（労調法）は、争議権の保障を前提に、公益事業（運輸・郵便・電信・電話・水道・ガス・医療等）の争議行為に調停前置と30日の冷却期間を定め（旧労調法37条）、非現業公務員の争議行為を禁止した（旧労調法38条）。旧労組法・旧労調法の制限という制約はあったものの、1946年11月３日に公布された日本国憲法の労働基本権保障（憲法28条）を頂点として、労働法体系の根幹的部分が形成され、公務員も労働基本権の主体たる労働者としての地位が認められ、実際、公務員労働組合は、飛躍的発展をとげ、日本労働運動の中核部隊としてその方向をリードする役割を果たした（片岡・前掲論文11頁参照）。

　しかし、このような法的地位は、アメリカとソ連の両陣営の対立激化などを主要因として、占領政策の転換によって変容する（片岡・前掲論文12頁以下参照）。1948年７月に出されたマッカーサー書簡に基づく政令201号で、すべての公務員の争議行為が一律に全面的に禁止され、団体交渉権も否認され、それが国家公務員法（国公法）、地公法などで具体化され、今日に至っている。

(2)　現行法の制限

　現在の地公法による制限は、以下のとおりである（西谷敏『労働組合法〔第３版〕』〔有斐閣、2012年〕61頁以下参照）。国公法と基本的には同様であるが、地方公務員のうち警察職員・消防職員について団結権自体が認められていない（地公法52条５項）。ただし、国公法とは異なり刑事罰は用意されていない。これ以外の地方公務員については、団結権は認められているが、一般職の非現業公務員の職員団体（労働組合）には、登録制が定められている（同法53条）。団体交渉についても、当局による団体交渉の打ち切りが認められ（同法55条７項）、管理運営事項は、交渉対象から除外され（同法55条３項）、団体協約（労働協

約）を締結する権利が否定されている（同法55条 2 項）。さらに、他の公務員と同様に、争議行為が禁止され（同法37条 1 項）、参加者の免職や懲戒処分の可能性が規定されているうえ、非現業公務員については、争議行為を「そそのかし、あおり」等した者について罰則が予定されている（同法61条 4 号）。なお、地公法が適用される公務員には労組法は適用されない（同法58条 1 項）。

　このような制限のうち、以下では、現行の地公法による争議行為の一律全面禁止と、一般職非現業公務員に関する労働協約締結権の否認について、議論の状況をみてみたい。

2　最高裁判例では

(1)　初期の立場

　戦後直後は、公務員にも憲法28条が適用されることを前提としながらも、労働基本権について、公共の福祉のために制限を受けることはやむを得ず、全体の奉仕者（憲法15条 2 項）として一般に勤労者とは違った特別の取扱いを受けることがあるのは当然であるとして、憲法28条には違反しないとした（最大判1953・4・8 刑集 7 巻 4 号775頁〔国鉄弘前機関区事件〕など）。しかし、1960年代には、争議行為禁止を違憲と判断するか、少なくともそれに深刻な疑問を呈する下級審判決が積み重ねられた（西谷・前掲書67頁以下参照）。

(2)　争議権についての判例の展開

　その後、争議権については、当時は公共企業体職員であった郵便局員で構成される全逓信労働組合（全逓）の幹部が組合員に時間内職場集会を呼びかけたことで起訴されたことに関する全逓東京中郵事件判決では、団結権・団体交渉権・争議権という労働基本権は、「憲法25条に定めるいわゆる生存権の保障を基本理念とし、勤労者に対して人間に値する生存を保障すべきものとする見地に立ち」、「経済上劣位に立つ勤労者に対して実質的な自由と平等とを確保するための手段として」保障されたものとされ（最大判1966・10・26刑集20巻 8 号901頁）、最高裁は比較衡量という判断枠組みを採用して、当該制限を違憲とはしなかったものの、合憲限定解釈を行い、被告人を無罪とした。この枠組みを発展させたものが、地方公務員である教員に時間内職場集会を呼びかけたことによって起訴されたことに関する都教組事件判決である。この判決で最高裁は、地公法37条 1 項・61条 4 号は、文字どおりに解釈すれば違憲の疑いがあるので、刑事罰を科すのは争議行為・あおり行為ともに違法性の強い場合に限ら

るとする合憲限定解釈（「二重のしぼり」）を行い、地公法の当該規定を違憲とはしなかったものの、無罪判決を出した（最大判1969・4・2刑集23巻5号305頁）。合憲限定解釈により実質的には公務員の争議行為を刑事罰から解放するという意味をもった判決である。

　しかし、最高裁は、全農林警職法事件判決（最大判1973・4・25刑集27巻4号547頁）において、判例変更を行い、以下の4つの理由から、国公法の争議行為の全面禁止は、合憲であるとした。第1に、公務員の地位の特殊性と職務の公共性からすると、公務員の争議行為は、国民全体の共同利益に重大な影響を及ぼすか、その虞があること（国民全体の利益論）、第2に、公務員の勤務条件の決定は私企業とは異なり、法律によって定められること（議会制民主主義論・勤務条件法定主義論）、第3に、公務員の場合は争議行為に対する市場の抑制力など歯止めがないこと（「歯止め」欠如論）、第4に、公務員は争議行為の制約に見合う代償措置による保障を受け、たとえば人事院勧告の制度化があること（代償措置論）、である。なお、この判決には、現行法の全面禁止は憲法上正当化できないとする田中二郎裁判官をはじめとする5裁判官の意見がつけられている。また、この判例変更は、最高裁裁判官の意図的な任命の結果であることが指摘されている（青木宗也＝山本博編『司法の反動化と労働基本権』〔日本評論社、1980年〕141頁以下）。

　さらに、最高裁は、地方公務員については、岩教組学テ事件判決（最大判1976・5・21刑集30巻5号1178頁）で、前出・全農林警職法事件判決とほぼ同様の見地から地公法の争議行為禁止ならびに処罰規定を合憲であると判示している。また、全逓名古屋中郵事件判決（最大判1977・5・4刑集31巻3号182頁）は、前掲・全農林警職法事件判決と同様の趣旨が現業公務員や公社職員、「公共的職務に従事する職員」にも妥当するという判断を示している。なお、その後の裁判では、政府が代償措置である人事院勧告を完全に実施しない状況でなされた公務員の争議行為が例外的に適法とみなしうるかが争われている（たとえば、最一小判1992・9・24労判615号6頁〔北海道教育委員会事件〕）が、争議行為を適法と認めた最高裁の判決はない。

(3)　労働協約締結権についての判例の展開

　前掲・全逓名古屋中郵事件判決は、非現業の国家公務員の勤務条件は、憲法上、「国会において法律、予算の形で決定すべきものとされており、労使間の自由な団体交渉に基づく合意によって決定すべきものとされていないので、私

企業の労働者の場合のような労使による勤務条件の共同決定を内容とする団体交渉権の保障はなく、右の共同決定のための団体交渉過程の一環として予定されている争議権もまた、憲法上、当然に保障されているものとはいえない」とし、争議権を団体交渉権の一環として位置づけ、団体交渉権・争議権の憲法上の保障を否定している。また、同判決は、労働協約締結権に関し、当時の公共企業体等労働関係法が、管理運営事項に関する事項を除き、団体交渉権、労働協約締結権を認めていたことについては、このような「労働協約締結権を含む団体交渉権の付与は、憲法28条の当然の要請によるものではなく、国会が、憲法28条の趣旨をできる限り尊重しようとする立法上の配慮から、財政民主主義の原則に基づき、その議決により、財政に関する一定事項の決定権を使用者としての政府又は三公社に委任したものにほかならない」とし、労働協約締結権は憲法28条の当然の要請ではなく、法律により付与されたものであるとしている。さらに、国立新潟療養所事件判決（最三小判1978・3・28民集32巻2号259頁）は、前掲・全農林警職法事件判決と前掲・全逓名古屋中郵事件判決をあげ、これらの判例の趣旨に徴すれば、国家公務員について憲法上団体協約締結権が保障されているものということができないことは明らかであるとした。

3　学説では

(1)　争議権について

　争議権に関する、前掲・全農林警職法事件判決に代表される最高裁判決の全面的合憲論の根拠づけについては、同判決の意見や学説からすでに強く批判がなされている。つまり、公務員の地位の特殊性と職務の公共性からなぜ全面禁止が導かれるか不明であり、制限が必要だとしても必要最小限度の範囲にとどめられなければならないのではないか、公務員といっても職務内容はさまざまであり、また、公務員の勤務関係については大綱的基準のみを法律で決め、細目の決定については団体交渉や争議行為の余地があるのではないか、歯止めとしては世論などが考えられるのではないか、さらに、争議行為をすること自体に意味があるのであり、代償措置はあくまで代償にすぎない、といった批判が強く出され（樋口ほか・注解II231頁以下〔中村睦男〕）、これらの点から、全面禁止は憲法上正当化することができず、公務員の職務の性質、違い等を考慮し、制限は必要最小限度の範囲にとどまらなければならないと考える見解（芦部・憲法289頁）が学説上有力である。

(2)　労働協約締結権について

　労働協約締結権については、前掲・全逓名古屋中郵事件判決は、労働協約締結権を含む団体交渉権をすべて原理的に否定するものであるとして批判され（市川・基本講義233頁参照）、団体交渉権が労働者の労働条件の維持・改善のためにある以上、交渉の結果を確定するものである労働協約締結権がその本質的部分とみると、このような制度の定め方は違憲とみるほかない（渋谷・憲法304頁）とされる。

　なお、争議行為も含めて労使自治による労働条件設定を保障した憲法28条と、これを制約する憲法15条、73条4号、83条という対立する憲法価値の中で、いかなる勤務条件システムを採用するかはそれぞれの憲法価値を考慮した立法政策に委ねられているが、現行法についての最高裁の合憲判断は、現行法が対立する憲法価値の中で採用された立法政策として憲法違反にまでは至っていないという評価にすぎないと解することは十分可能であろうとし、新たな立法政策を考える場合には、より望ましい調和が議論されるべきであることを指摘する見解がある（荒木尚志『労働法〔第4版〕』〔有斐閣、2020年〕29頁参照）。

4　法律改正の動き

　1995年頃、消防職員の団結権を認めようとする議論があった（市川・ケースメソッド232頁以下）が、実現しなかった。公務員制度改革の動きのなかで、2011年6月には一般職非現業の国家公務員に労働協約締結権を認めることも含む法案が提出され、2012年11月には、一般職非現業の地方公務員に労働協約締結権を認め、また消防職員にも団結権を認める趣旨の法案が国会に提出されたが、2012年の衆議院解散に伴い廃案となり、2013年11月、2016年3月にも国会に提出されたが、廃案となっている（詳細については、下井康史「公共部門労使関係法制の課題」日本労働法学会編『労働法の基礎理論』〔日本評論社、2017年〕254頁以下参照）。

Ⅳ　「答え」を導き出そう

1　判断枠組み

　現行の地公法による労働基本権の制限、具体的には、一般職非現業公務員の労働協約締結権と争議権の全面的否認の合憲性についての最高裁の見解は、Ⅲ3でみた学説からの批判のとおり、説得的なものではなく、この制限は憲法違

反と考えられるが、ここでは別の枠組みでの検討の試みとして、その合憲性を⑴憲法28条の保護領域の画定、⑵法律の規定がこの保護領域の制限といえるか、⑶この制限が憲法上正当化されるか、という判断枠組みで考えてみたい。その際、⑶では、比例原則にもとづいて判断し、⒤目的と手段の正当性、ⅱ適合性、ⅲ必要性、ⅳ狭義の比例性を満たすかをみる（ピエロートほか〔永田秀樹ほか訳〕『現代ドイツ基本権〔第2版〕』〔法律文化社、2019年〕91頁以下、渡辺ほか・憲法Ⅰ60頁以下、小山・作法13頁以下参照）。

2　争議権の制限について

⑴　憲法28条の保護領域

　憲法28条は、団結権だけでなく、団体交渉その他の団体行動権を保障しており、争議権は、このその他の団体行動権として保障されていると考えられる。労働協約締結権は、団体交渉で得られた結果を文書で確認し法的拘束力をもたせるものであり、団体交渉権の重要な一内容である。

　この労働基本権は、前掲・全逓東京中郵事件判決によれば上述のとおり、「生存権の保障を基本理念とし、勤労者に対して人間に値する生存を保障すべきものとする見地に立ち」、「経済上劣位に立つ勤労者に対して実質的な自由と平等とを確保するための手段として」保障されたものであるとされ、前掲・全農林警職法事件判決では、「勤労者の経済的地位の向上のための手段として認められたものであって」として前掲・全逓東京中郵事件判決に見られた「実質的な自由と平等とを確保するため」という言葉はなくなり、「それ自体が目的とされる絶対的なものではないから、おのずから勤労者を含めた国民全体の共同利益の見地からする制約を免れないものであ」るとする。ここでは、争議行為の手段的性格が一層強く前面に押出され、代償措置さえ存在すれば労働基本権を任意に制約することも可能であるという論理につながっている（西谷敏『労働法における個人と集団』〔有斐閣、1992年〕320頁以下参照）。つまり、目的達成のための1つの手段にすぎないから、他の手段があれば制約は可能であるという発想が見られると思われる。しかし、労働基本権もそれぞれが固有の内容をもつ独自の権利であり、手段的性格を強調する必然性はなく、労働基本権は、労働条件や経済的諸条件を決定する過程への実質的な関与そのものに力点のある権利、いわば関与権として把握されるべきであるとする見解（西谷・前掲・労働組合法39頁）が支持できる。この過程に関与する中で人格の発展がはかられることが重視されなければならず、他の人権もそうであるが、代償措置

には解消できないものであると思われる。

　憲法28条の人的適用範囲についてみると、公務員も自己の労務を提供することにより生活の資を得ているものであるから、憲法28条にいう「勤労者」であり、このことは最高裁の前掲・岩教組学テ事件判決も認めている。

(2)　制限

　現行法では、代償措置がつけられているが、争議権が全面否定されているので争議権が行使できず、制限にあたる。なお、これは争議権の制限を意図し、直接的であり、一方的強制的であり、法律という法形式（渡辺ほか・憲法 I 64頁以下参照）によるものである。

(3)　憲法上の正当化

　では、争議権のこの制限は、憲法上正当化できるのであろうか。

(i)　目的と手段の正当性

　規制の目的は、前掲・岩教組学テ事件判決からすると、公務員の地位の特殊性と公共性を守ること、争議行為による公務の停廃が地方住民全体・国民全体の共同利益に重大な影響を及ぼすことを防止すること、公務員の勤務条件決定の手続過程の歪曲を防ぐこと、と読める。公務員の地位の特殊性と公共性の確保は独自の目的といえないように思われるが、後二者は、それ自体で不当なものとまではいえないであろう。また、全面禁止し代償措置を設けるという手段が直ちに憲法で排除されているとまではいえないであろう。

(ii)　適合性

　全面禁止し代償措置を設けるという手段は、目的に適合的なものであろうか、つまり、上述の規制の目的を推進するであろうか。たしかに、争議行為の全否定であるから、争議行為による公務の停廃は生じず、公務員の勤務条件決定には何の影響も及ぼさないので、勤務条件決定には歪みが生じるはずもなく、規制の目的を推進するといえる。

(iii)　必要性

　では、必要性、つまり、同じ効果をもつが負担の少ない手段によってその目的を達成できるようではあってはならないことはどうか。つまり、より制限的でない他の選びうる手段があればこの必要性は満たせないことになる（小山・作法70頁以下）。その防止が目的とされる、地方住民・国民全体の共同利益に対する重大な影響といっても具体的な内容は不明ではあるが、たとえば、病院、

消防、その他の生活に不可欠な業務の機能性を脅かすような争議行為だけを制限することで、その目的を達せられると考えられ、必要であれば公務員の争議行為が最高裁が指摘する「不当な圧力」とならないように方法を規制すればよいのであるから、代償措置つきの全面禁止にかわる、より制限的でない他の選びうる手段があるということになり、この必要性は満たせず、この制限は憲法上正当化できないと思われる。

(iv)　狭義の比例性

　狭義の比例性、つまり、制限と制限によって追求される目的とが均衡のとれた関係に立たなければならない（ピエロートほか・前掲書93頁以下参照）ことについては、(iii)の必要性を満たさないので検討は不要となる（なお、(iii)を満たす明確な手段がないという立場からは、ここで均衡を検討するということになる）。

3　労働協約締結権の制限について

　では、労働協約締結権の全面否定についてはどうだろうか。

(1)　保護領域

　労働協約締結権が、憲法28条の保護領域に含まれることについては、**Ⅳ 2**(1)で述べたとおりである（なお、**Ⅲ 2**(3)でみたように、前掲・全逓名古屋中郵事件判決は、勤務条件の共同決定を内容とする団体交渉権の保障はないとしているが、憲法28条は労働組合との合意によらなければ労働条件の決定ができないという共同決定原則までを定めているわけではないから、最高裁が「共同決定」をこの共同決定原則の意味で使っているのであれば、最高裁は「この点を十分に理解していない」〔道幸哲也「国家公務員労働関係法案の団交・協約規定」法律時報84巻 2 号（2012年）24頁〕といえ、憲法28条の保護領域を誤って認識しているともいえる）。

(2)　制限

　代償措置がつけられているが、労働協約が締結できないので、制限にあたる。なお、意図的・直接的・一方的強制的で、法律によるものである。

(3)　憲法上の正当化

(ｉ)　目的と手段の正当性

　目的を判例の中に求めようとすると、前掲・全逓名古屋中郵事件判決は、直接には地方公務員について言及しているわけではないが、**Ⅲ 2**(3)でみたように、勤務条件法定主義から、勤務条件の共同決定を内容とする団体交渉権の保

障はなく、憲法上労働協約締結権が保障されているものではないとしているので、制限の目的は勤務条件を「すべて政治的、財政的、社会的その他諸般の合理的な配慮により適当に」「立法府により」決定すること、すなわち勤務条件法定主義を維持することと考えられ、不当なものとはいえないであろうし、代償措置つきで労働協約締結権を認めないという手段も、憲法上直ちに排除されるものともいえないであろう。

(ii) 適合性

労働協約締結権を全面的に認めず、代償措置をつけるという手段は、完全に勤務条件を法定するというものであるから、上述の目的を促進するといえよう。

(iii) 必要性

勤務条件のすべてが法定されなければならないとすると、同じ効果をもつ、より制限的でない他の手段を見いだすことは困難と考えられる。

(iv) 狭義の比例性

制限と制限によって追求される目的とが均衡しなければならないので、勤務条件法定主義が憲法上の原則だとすると、労働協約締結権も憲法上の保障であるので、この2つが調整されなければならないと考えられる。その際、この2つともが現実性・最適の実効性が得られるようになされなければならないといえる（ヘッセ〔初宿正典＝赤坂幸一訳〕『ドイツ憲法の基本的特質』〔成文堂、2006年〕40頁以下参照）。したがって、勤務条件をどこまで法律・条例で定めるかを労働協約締結権の保障を考慮して決めなければならないのである。勤務条件法定主義として、地方公務員の労働条件について細部まで法律等で決定することが憲法の要請であるとはいえないであろうし、国会等は予算の上限や給与の大枠を設定することで足り、むしろ細部にわたって労働条件を統制できることになれば、労働基本権の侵害にあたる（根本到「ドイツ公務労使関係法制の現況と日本との比較」ジュリスト1435号〔2011年〕62頁参照）ともいえる。なお、IV 2(1)で述べたように、代償措置は、権利行使に代わりうるものではなく、均衡をもたらしているともいえない。したがって、この制限はこの狭義の比例性を満たせず、違憲であると考えられる。

[参考文献]
・市川正人「公務員の労働基本権の制限と最高裁」法学教室247号（2001年）11頁以下
・渡辺賢『公務員労働基本権の再構築』（北海道大学出版会、2006年）
・早津裕貴「労働基本権の制限——名古屋中郵事件」労働法律旬報1955号（2020年）24頁以下

Part III
権力に関する
4つのケース

8 天皇制
——現代の天皇制と、内閣のコントロール

新潟大学准教授
栗田佳泰

Ⅰ｜報道によると

1　「天皇陛下　即位1年　『象徴』の活動　積極的に」
（日本経済新聞、2020年5月1日）

　天皇陛下の即位に伴い、新元号「令和」が始まって1日で1年となった。退位による代替わりの後、陛下は被災地訪問など上皇さまから受け継いだ「象徴」としての活動に積極的に取り組まれてきた。ただ最近は新型コロナウイルスの感染拡大で皇室行事にも延期などの影響が出ている。

　陛下はこの1年で計11府県（静養を除く）を訪れ、人々と交流を重ねられた。療養中の皇后さまも全ての地方訪問に同行された。昨年5月下旬には令和初の国賓として来日した米国のトランプ大統領夫妻を歓待され、国際公務も幕を開けた。

　菅義偉官房長官は30日の記者会見で「この1年で新元号令和が国民の皆さんの日常に受け入れられ、本当に良かったと思っている」と述べた。

2　「平成の式典を踏襲　国民主権や政教分離配慮」
（日本経済新聞電子版、2019年10月22日）

　現行憲法下で2度目となった22日の「即位礼正殿の儀」は1990年の平成の式典をほぼ踏襲した。国民主権や政教分離といった現行憲法の原則を守りつつ、古くから続いていた手法を一部復活させるなど伝統を引き継いだ。

　安倍晋三首相は天皇陛下が即位を宣明されたのと同じ皇居・宮殿「松の間」でお祝いの寿詞（よごと）を述べ、万歳を三唱した。様式は平成の即位礼で当時の海部俊樹首相がとったのと同じだ。

　旧憲法下の昭和の即位礼は、当時の田中義一首相が一段低い庭に下りて昭和天皇を見上げる位置で万歳三唱した。首相が陛下と同じ松の間で万歳三唱する

のは国民主権を意識したものだ。万歳の前に「ご即位を祝して」との言葉を添え、趣旨を明確にするのも平成から取り入れた配慮だ。

歴代天皇に伝わる剣と璽（じ＝まがたま）、公務で使う御璽（天皇の印）と国璽（国の印）を高御座の台に奉安したのも平成にならった。「三種の神器」である剣璽は天孫降臨の神話に基づいている。国事行為で使う御璽と国璽も置いたのは宗教色を抑える工夫とされている。

即位礼正殿の儀を定めていたのは明治期の旧「登極令」だが、戦後廃止された。平成の代替わり時も伝統を踏まえつつ、一部の先例は国民主権や政教分離に反するとの批判を招かないように変えた。こうした変更点を今回も踏襲している場合が多い。共産党は高御座から即位を宣明する形式などを理由に「憲法の国民主権、政教分離の原則に反する」（小池晃書記局長）として即位礼正殿の儀を欠席した。

一方、天皇が高御座に登壇後、初めて参列者が姿を目にする「宸儀初見（しんぎしょけん）」は平成の儀式にはなかった。前回は参列した外国元首らへの配慮で、当時の天皇、皇后両陛下が廊下を経て進まれる姿を見えるようにしたためだ。今回は大小のモニターを活用し、松の間に入られるまで姿が見えなくても高御座の登壇後は両陛下の姿に十分接することができるようにした。

宮内庁によると、宸儀初見は平安前期の儀式書「貞観儀式」に記載がある。伝統的な形式に沿った形となった。

儀式で用いる服装は明治期から続く様式を踏襲した。天皇陛下は今回「黄櫨染御袍（こうろぜんのごほう）」と呼ばれる黄褐色の束帯をまとって儀式に臨まれた。天皇だけが着用できる最高の礼服とされ鳳凰（ほうおう）や麒麟（きりん）の文様があしらわれている。

┌ 【関連条文】

憲法1条　天皇は、日本国の象徴であり日本国民統合の象徴であつて、この地位は、主権の存する日本国民の総意に基く。

3条　天皇の国事に関するすべての行為には、内閣の助言と承認を必要とし、内閣が、その責任を負ふ。

4条　天皇は、この憲法の定める国事に関する行為のみを行ひ、国政に関する権能を有しない。

7条　天皇は、内閣の助言と承認により、国民のために、左の国事に関する行為を行ふ。（一〜九号省略）

　　十　儀式を行ふこと。

20条1項　信教の自由は、何人に対してもこれを保障する。いかなる宗
　　教団体も、国から特権を受け、又は政治上の権力を行使してはならない。

20条3項　国及びその機関は、宗教教育その他いかなる宗教的活動もし
　　てはならない。

89条　公金その他の公の財産は、宗教上の組織若しくは団体の使用、便
　　益若しくは維持のため、又は公の支配に属しない慈善、教育若しくは博
　　愛の事業に対し、これを支出し、又はその利用に供してはならない。

Ⅱ　何が問題なのか

　１つ目の新聞記事（2020年５月１日）は、まず、天皇制と「元号」との結びつきを読者に意識させる。

　長い間、慣習として存続し、1979年に法制化された元号の制度は、今や、日本にきわめて特徴的な制度の１つだ。「元号は、皇位の継承があった場合に限り改める」（元号法２項）という「一世一元制」を明文で定めた元号法は、制定される際、国民的な議論を巻き起こした。今でも、旧憲法下の天皇制との結びつきから国民主権原理に反するという意見がある。一方、天皇の在位と元号との結びつきを認めたのみでは、現行憲法が採用する象徴天皇制の枠内として違憲とまではいえないという意見もある。

　ところで、日付情報をお近くのカレンダーで確認してみてほしい。元号は表記（併記）されているだろうか。パソコンやスマートフォン、タブレット端末は、デフォルトでは西暦を表示しているはずだ。和暦に変更してみて使いにくさを感じれば、それだけ、あなたが和暦よりも西暦に慣れているということだ。慣行として和暦を使っている官公庁も、書類を提出させる際などに西暦を使用させることがある。そこには、西暦に慣れた人々とのコミュニケーションの便宜という合理性を優先する姿勢を見て取ることができる。

　和暦と西暦の併用は、一方を他方に変換する煩わしさを伴う。それにもかかわらず、官公庁が和暦と西暦を併用するのは、元号という伝統を合理性よりも優先させているからのように見える。だとすれば、それはどのような意味をもつか。

　西暦はキリスト教に由来する。西暦で紀元前を意味する BC は Before Christ の略記だ。また紀元を意味する AD はラテン語で「主の年」を意味する Anno Domini の略記だ。これらの使用は、キリスト教的世界観を共有する（したい）人々としない（したくない）人々に、「わたしたち」と「あなたたち」との違いを否応なく意識させる。そうした理由から、これらに代えて Before the Common Era（BCE）や Common Era（CE）を用いようとする動きもあるが、その出自を塗り込めることは難しい。

　和暦も似たようなものだ。わたしたちは、和暦を目にする際、否応なく、わたしたちが日本社会に生きていることを意識する。もっとも、元号の使用は国民に対して義務づけられていないし、実際には、西暦を目にする機会のほうが多い。だからこそ、仮に、官公庁が西暦のみを使用するようになれば、わたし

たちがほかのどこでもない日本社会に生きているということを意識する機会は減る。

　近代以降、政府の主な関心の1つは、多様な諸個人を1つの集団としてまとめることだ。19世紀末から20世紀初頭にかけての国民国家の形成過程では、数多くの伝統が取捨選択され、あるいは創られ、国民統合のための物語やイメージが生み出された。日本もその例に漏れない。

　伝統に対する愛着がわたしたちに「わたしたち」だという感覚を与え、国民統合に資するのだとすれば、官公庁が慣行として伝統に従うことに理由がないとはいえない。官公庁による和暦と西暦の併用は、その是非はともかく、官公庁が妥当と考える伝統と合理性の按分の結果と考えることができそうだ。

　次に、この記事は、天皇の「『象徴』としての活動」が積極的に行われていることを読者に意識させる。この、いわゆる「象徴行為」は、同記事中にある「被災地訪問」「地方訪問」「国際公務」を指している。

　実際、元号が改められる際の法律要件の「皇位の継承」、すなわち「代替わり」と象徴行為とのあいだには、今回、密接な関わりがあった。「代替わり」のための法律、「天皇の退位等に関する皇室典範特例法」（以下、「特例法」という）1条は、「国事行為のほか、全国各地への御訪問、被災地のお見舞いをはじめとする象徴としての公的な御活動……を天皇として自ら続けられることが困難となること」を「退位」の理由に挙げた。

　2つ目の新聞（電子版）記事（2019年10月22日）は、今回の「代替わり」の儀式に関するものだ。同記事は、「即位礼正殿の儀」で、「首相が陛下と同じ松の間で万歳三唱する」等（「国民主権」への配慮）、「三種の神器」とともに「公務で使う御璽（天皇の印）と国璽（国の印）を高御座の台に奉安」し、「宗教色を抑える工夫」をした（「政教分離」への配慮）と述べている。この儀式は、憲法7条10号にいう「儀式」であり国事行為だ（2018年4月4日閣議決定）。

　「即位礼正殿の儀」を含むすべての国事行為には、内閣の助言と承認が求められ（憲法3条）、その実質的な決定権は内閣にある。一方、地方訪問や被災地訪問等の象徴行為には、現行憲法に明文の規定はなく、憲法上、内閣の助言と承認が求められることはない。ただし、憲法の趣旨に沿って行われるよう配慮する責任を内閣が負うと解されている（政府見解）。象徴行為に対する内閣のコントロールは、憲法に明文の規定をもつ国事行為に比べてあいまいだが、及んでいないわけではない。

　これら2つの記事は、象徴行為が現代の天皇制において国事行為と並ぶ欠

「即位礼正殿の儀」で、即位を宣言された天皇陛下。
手前は万歳三唱する安倍首相
（22日午後１時24分、宮殿・松の間）＝代表撮影
写真提供：共同通信社

かせない一部となったことと、国事行為の儀式で、国民主権原理や政教分離原
則への配慮がなされたという事実とを示している。

　これまで、「天皇は、この憲法の定める国事に関する行為のみを行」うとい
う規定（憲法４条。強調は引用者）にもかかわらず、憲法に定めのない象徴行
為という天皇の行為分類を認めることは、内閣による天皇の政治的利用や天皇
自身による政治的関与の契機となることが危惧されてきた。だが、それだけだ
ろうか。天皇制の現代的展開は、これまでとは異なるレベルで信教の自由との
あいだに緊張をはらみうる。

Ⅲ　考えてみるには

1　天皇と内閣

　天皇と内閣との関係は深い。このことについては、君主大権から立法権を担
う議会と司法権を担う裁判所とが分化・自立していき行政権が残ったという立
憲君主制国家にしばしば見られる歴史的経緯も参考になりそうだが、旧憲法下
の特殊な事情をここでは振り返っておこう。

　旧憲法は、内閣や内閣総理大臣について、明文の規定を置いていなかった。
関連するのは、「国務各大臣」の規定（旧憲法55条１項）のみだ（「大臣助言制」）。
旧憲法下の内閣は、勅令に基づき国務大臣が組織した。1889年12月24日勅令
第135号の「内閣官制」では、内閣総理大臣は、「同輩中の首席」（「各大臣ノ首

班」）とされつつも、その他の国務大臣と同格で、閣議で決定すべき事項（法律案や予算決算案等）以外については、各大臣が単独でそれぞれの所掌する行政事務につき天皇に対して責任を負った。

　そして、陸軍大臣と海軍大臣、およびその背後にある陸軍参謀本部と海軍軍令部は、天皇の統帥権（旧憲法11条）の独立を理由に、内閣のコントロールを受けつけず、暴走した（高橋・憲法34-35頁）。

　このことへの反省から、現行憲法は、天皇の統帥権や軍部を否定し、内閣に憲法上の地位を与え（憲法65条等）、内閣総理大臣にその他の国務大臣の任免権（憲法68条）や訴追に対する同意権を付与し（憲法75条）、そのリーダーシップを明定した。また、内閣総理大臣含む国務大臣は文民でなければならないとした（憲法66条2項）。なお、ここでの文民とは、一般に、現役自衛官でない者と解されている（高橋・憲法404-405頁）。

2　天皇の行為分類

(1)　国事行為と象徴行為

　現行憲法に明文の規定がある天皇の行為分類は、国事行為のみだ。国事行為には、内閣総理大臣の任命（憲法6条1項）、最高裁判所長官の任命（憲法6条2項）、国会の召集や衆議院の解散、国会議員選挙の公示等（憲法7条1-9号）、そして「儀式」（憲法7条10号。以降、「儀式」は国事行為のそれをいうものとする）が限定列挙される。これらは国政に重大な影響を及ぼしうるもの（「衆議院の解散」等）を含むが、すでに述べたように、すべての国事行為には内閣の助言と承認が必要で、実質的決定権は内閣にある。

　現行憲法制定当初は、これらの国事行為こそが象徴としての行為で、それ以外に象徴行為があると認識されてはいなかったといわれる。

　もっとも、天皇の私人としての行為、すなわち私的行為が当然に認められることに異論はない。学説は、国事行為にも私的行為にもあてはまらない行為分類を、とくに象徴行為や公的行為と呼んで区別し議論してきた。政府も、おおむね、こうした行為分類を採用している（詳しくは後述）。

　象徴行為が初めて大きな政治問題を提起したとされるのは、1951年10月の国会開会式での「おことば」だ。これは、旧憲法下から続く慣例で、国事行為として明示的に列挙されるものではない。さりとて、私的行為でもなさそうだ。その「おことば」は、当時、激しい政治的対立のあったサンフランシスコ平和条約締結をめぐる片方の立場への支持が汲み取れる内容を含んでいた。

　一方、特例法1条が象徴行為の例とするのは、「おことば」ではなく、地方訪問や被災地訪問だ。これらの活動の増加が今回の「代替わり」の背景にはある。

　象徴行為は、第1次的には宮内庁、第2次的には内閣府、最終的には内閣に責任の帰せられるものとされる（政府見解）。ただし、これらのあいだの連絡が滞る可能性はある。これらの連絡の齟齬は、内閣のコントロールを見えづらくする。

(2)　学説
　学説は多岐にわたるが、本章では象徴行為説を中心に3説のみ取り上げる。

(ⅰ)　象徴行為説
　通説・政府見解とされる象徴行為説は、国家機関としての天皇の行為とみなされる国事行為とは別に、象徴としての天皇の行為とみなされる象徴行為を認める立場だ。どちらも国政に影響を及ぼすものであってはならないとされる。また、「儀式」は、国家的祝日や祭日、記念日、即位の礼等に行われる式典（国家的な儀式）をいうとされる一方で、政教分離原則の観点から、国の公事として、神道その他の宗教的儀式を行ってはならないともされる（清宮・憲法Ⅰ）。この立場では、「国家的な儀式」と「神道その他の宗教的儀式」とは区別される。

(ⅱ)　象徴行為違憲説
　象徴行為という行為分類を前提としつつ、天皇は一切そうしたことをすべきでないとして象徴行為を違憲と主張する立場もある。

(ⅲ)　国事行為説
　象徴行為という行為分類それ自体を認めない立場もある。たとえば、国会開会式等に伴う「おことば」は、儀礼的行為として「儀式」に含まれるという立場だ（高橋・憲法45-46頁）。この立場では、国家的行事に付随するものでない地方訪問や被災地訪問は「儀式」に含まれない。ただし、私的行為として許容される。

　この立場は、国事行為については内閣、私的行為については天皇と、責任の所在を明確にし、内閣についてはその政治的責任を問い、天皇については憲法尊重擁護義務違反の可能性を認めるものだ。

(3)　政府見解

　政府見解では、天皇の行為分類は、国事行為、公的行為（政府の用語法における象徴行為）、そして「その他の行為」だ。

　「その他の行為」はさらに、「公的性格・公的色彩を有する行為」と「それ以外の行為」に分けられる。前者の例は皇位継承に伴う宮中祭祀の大嘗祭だ。後者の例はその他の宮中祭祀や「御日常の御生活」等だ。

　「御日常の御生活」が私的行為だということに異論はないだろう。他方、大嘗祭は、宗教的性格を強く有し、国がその内容に立ち入るべきでないことから国事行為とすることはできないとされながら、現行憲法に規定のある皇位の「世襲」（憲法2条前段）、つまり「代替わり」にかかる儀式として公的性格のある皇室行事とされ、平成と令和の2度にわたり宮廷費（公費）が支出されている。また、その他の宮中祭祀には内廷費（私費）が支出されているといわれる。

3　天皇制と現行憲法の価値秩序

(1)　天皇制と国民主権原理

　旧憲法は天皇を統治権の総覧者（そうらんしゃ）としたが（旧憲法4条）、現行憲法は、国民を主権者とし、天皇を象徴とした。

　この象徴天皇制と国民主権原理との関係について、最も先鋭的なのは、天皇制廃止論だ。天皇制は非合理的な制度なので、国民が主権者となった今、憲法を改正して廃止すべきとされる。

　次に先鋭的なのは、現行憲法は旧憲法とはまったく異なる天皇制を創設したとして、旧憲法との断絶を説く「断絶」説だ。この立場では、現行憲法の条文が天皇制のすべてだ。したがって、この立場は、憲法に明文の規定のない象徴行為などという行為分類は許容しえず、象徴行為違憲説や国事行為説に接続する。

　一方、「おことば」や即位の礼、宮中祭祀等が旧憲法下から残存しているという事実や象徴行為が法的に追認された事実と親和的なのは、「連続」説だ。この立場では、天皇制は、旧憲法と現行憲法とでは大きく変わったが、なお連続していると見る。この立場は、象徴行為説や政府見解に接続する。

　このように、天皇制が現行憲法の制定前から「連続」していると考えると、天皇制を旧憲法の価値秩序（たとえば、身分制）からのいわば「飛び地」と見る立場に結びつく。ただし、そのことと、「飛び地」から現行憲法の価値秩序の影響が一切排除されると考えるか、そうでないと考えるかは別だ。前者を絶

対的「飛び地」論、後者を相対的「飛び地」論と呼ぼう。絶対的「飛び地」論では、たとえば、「公的性格・公的色彩を有する行為」の大嘗祭への公金支出は、国民主権原理はもちろん、政教分離原則との抵触も問題にならない（長谷部・憲法124頁）。他方、相対的「飛び地」論では、現行憲法の価値秩序がそのままは妥当しない「飛び地」でも、国民主権原理や政教分離原則に配慮すべきだということになる。

(2)　天皇制と政教分離原則

　現行憲法下で初めて行われた平成の即位の礼や大嘗祭に関しては、数々の事件が裁判所に係属した。ここでは、下の対照的な 2 つの判決に注目したい。

　1 つ目は、大阪高判1995年 3 月 9 日行集46巻 2 ・ 3 号250頁だ。即位の礼や大嘗祭につき、国が公的な皇室行事として公金を支出したことが争われた。同判決は、大嘗祭が「神道儀式としての性格を有することは明白」として、このような公金支出が「政教分離規定に違反するのではないかとの疑義は一概には否定できない」と述べた。なお、この事件では、思想・良心の自由や信教の自由等の権利侵害が主張されたが、却下された。地方公共団体の公金支出の違法性は地方自治法上定めのある住民訴訟を用いて争うことができるのに対し、国の公金支出の違法性を争う訴訟は今のところ認められていないからだ。

　上の判決では、国事行為だろうが、「公的性格・公的色彩を有する行為」だろうが、公金支出の対象となった行為の宗教的性格の有無が判断のポイントだ。それらの中間的な行為分類の象徴行為に対する公金支出も同様のはずだ。

　2 つ目は、最判2002年 7 月11日民集56巻 6 号1204頁だ。この事件では、地方公共団体の長の大嘗祭への参列・拝礼にかかる経費として公金が支出されたたことが争われた。最高裁は、当該参列・拝礼に宗教との「かかわり合い」を認めた。他方、その参列の目的は「天皇の即位に伴う皇室の伝統儀式に際し、日本国及び日本国民統合の象徴である天皇に対する社会的儀礼を尽くす」ものだとして、合憲だとした。大嘗祭への公金支出については直接の判断はなされていないが、その合憲性は当然の前提となっている。

　上の判決では、宗教との「かかわり合い」の有無ではなく、「天皇に対する社会的儀礼」といえるか否かが判断のポイントだ。

(3)　天皇制と国家神道

　国家神道が解体されたといえるか否かについて、2 通りの見方がある。1 つ

は、国家神道は、明治期に国家機関として組織された全国の神社（「神社神道」）によって担われ、GHQ（連合国軍最高司令官総司令部）の神道指令（「国家神道、神社神道ニ対スル政府ノ保証、支援、保全、監督並ニ弘付ノ廃止ニ関スル件」）により解体されたという見方だ。この見方の前提として、信仰する個人の集合体を中心に「宗教」をとらえるアメリカ的な発想がある。この見方では、現行憲法下で残存しているのは「国家神道」という「宗教」ではなく単なる「祭祀」だ。法学者にも広く共有されている見方だといわれる。実際、個人の権利としての狭義の信教の自由と政教分離原則とでは異なる「宗教」の定義を採用すべきとして、後者について組織的背景をもつものに限定する立場は憲法学でも有力だ（芦部・憲法161頁）。もう1つは、神道指令により解体したのは「神社神道」のみで、「国家神道」は宮中祭祀を中心に国民の信仰を集め続けているという見方だ。この見方の前提として、一連の観念や実践を中心に「宗教」をとらえる発想がある。この見方では、戦後も国民の多くは天皇崇敬にかかる観念や実践を受け容れているが、「宗教」のアメリカ的な特定の定義に無自覚に依拠しているので、それを「宗教」だと思っていないだけだ。

Ⅳ　「答え」を導き出そう

　旧憲法との比較で言えば、象徴天皇制は、「国政に関する権能」を一切否定された制度でしかない。他方、その象徴としての影響力は、事実上、天皇親祭の宮中祭祀を中心に宗教的権威として維持されていると見るべきだ。特例法は、地方訪問や被災地訪問等で積極的に作り出されるそうした天皇像を追認した。

　だとすると、内閣による天皇の政治的利用や天皇自身による政治的関与の可能性のみを問題視するのは一面的だ。それらが排除されなければならないのはもちろん、天皇制の宗教的性格も直視すべきだろう。多数派の信仰について意識的でなければ、少数派の信仰を尊重することなどできない。変容する現代の天皇制の動態をとらえるには、そうした視点が必要だ。

　この観点からは、およそすべての神道的な実践を私的行為に分類すべきとする主張が最も先鋭的だ。だが、神道的な実践としての意味合いをまったくもたない「儀式」は考え難いし、これまで国事行為とされてきた即位の礼等を私的行為とすることは、これまで憲法が想定してきた天皇制とあまりにかけ離れている。現行憲法の解釈としては飛躍がすぎるだろう。

　象徴行為違憲説は、これまで象徴行為とされてきた行為分類を違憲とし、国

事行為説は、国家的行事に付随しない地方訪問や被災地訪問を私的行為とすることで公金支出をとりやめさせ、その規模を縮小させる。これらの学説に依拠すれば、内閣による天皇の政治的利用や天皇自身による政治的関与の可能性、天皇制の政教分離原則への抵触の可能性は小さくなるだろう。だが、象徴行為違憲説は、天皇制廃止論と同様、天皇制は不変で、国民にはそれを廃止するか現行憲法の規定の字句通りの範囲で存置するかの二択しか与えられていないと考えており、変容する現代の天皇制の動態を適切にとらえておらず、今日、広く支持されるとは思えない。また、国事行為説は、儀礼的行為を「儀式」に塗り込める。「儀式」の意味範囲が祭祀を超えて儀礼的行為にまで拡大すれば、天皇制のもつ宗教的性格は、逆説的に、いよいよ公的性格のなかに塗り込められてしまうだろう。そうなると今度は「儀式」が増加しないとも限らない。地方訪問や被災地訪問等を単なる私的な旅行だとするのも無理がある。天皇制の宗教的性格を考えれば、これらにつき私的行為として内閣のコントロールを否定するのは妥当でない。こうした、宗教的活動そのものではないが実質的には天皇制の宗教的性格を前提とする行為に内閣のコントロールをきちんと及ぼすためには、象徴行為という行為分類を認めるほうがよいだろう。

　もっとも、「連続」説を前提とする象徴行為説のうち、絶対的「飛び地」論では、「飛び地」に現行憲法の価値秩序が流入することは否定される。そこでは、天皇制は閉じた伝統のなかで不変だ。この立場も、変容する現代の天皇制の動態をあえて無視するもので、国民的支持は得られそうにない。また、この説に立てば、天皇制に対する内閣のコントロールは国政への影響を除去するものであればよく、個人の信教の自由に対する影響の軽減は「飛び地」ゆえに問題にならない。

　一方、相対的「飛び地」論は、内閣のコントロールを通じて現行憲法の価値秩序が天皇制に流入することを認める。国民の前に開かれた伝統として、天皇制は不変ではなく、国民に受け容れられるよう伝統と合理性とが按分される。こうした立場が、変容する現代の天皇制の動態を最もよくとらえることができるだろう。

　令和の即位の礼という「儀式」に国民主権原理や政教分離原則への配慮を反映させた政府の立場もその 1 つといえよう。ただし、内閣がその内容に関与しないにもかかわらず、強い宗教的性格をもつ「公的性格・公的色彩を有する行為」という行為分類に公金支出を認めることについては、天皇制に対する内閣の責任をあいまいにするという問題を指摘することができる。

　2005年の最判で最高裁が大嘗祭の合憲性を前提としたのは、大嘗祭を絶対的「飛び地」と考えたからだと見なければならない必然性はない。大嘗祭への公金支出に対する内閣の責任を当然視したからだとも考えられる。だが、内閣がその内容への関与を否定している以上、責任の所在はあいまいだ。裁判所は、天皇制に対する内閣のコントロールをただ前提とするのではなく、その実効性を問題にすべきだ。

　国民の多くが、国家神道に、天皇制に慣れ親しんでいる。だからこそ、現代の天皇制は展開を見せた。そのことについての当否を本章は問うものではない。だが、その事実に自覚的でなければ、宗教的少数派を孤立させ、信教の自由を形骸化させかねない。本章が問うのは、その事実に向き合い、少数派を孤立させないために、天皇制と内閣との関係はどのようにあるべきか、だ。

　本章で筆者の考えるさしあたっての回答は、内閣は引き続き現行憲法の価値秩序等の観点から天皇制に関与すべきだということの確認にすぎない。ただし、天皇制の宗教的性格をふまえつつ明確にコントロールを及ぼすのでなければ、信教の自由を軽視し宗教的少数派を排除するメッセージを送りかねない。「公的性格・公的色彩を有する行為」への公金支出は、内閣のコントロールの仕方や程度によっては、憲法違反のおそれがある。

　ことは信教の自由にとどまらない。現行憲法下、内閣は天皇制をコントロールしていなければならない。仮に内閣がその任を怠り、天皇制との関係をあいまいにするなら、そのこと自体が憲法的危機にほかならない。

[参考文献]

・島薗進『国家神道と日本人』（岩波書店、2010年）
・高橋和之「天皇の『お気持ち』表明に思う——『象徴的行為』論への困惑」世界2016年12月187頁以下
・西村裕一「基調報告『人間』と『天皇』の間で（日本国憲法研究（Number 21）天皇の生前退位）」論究ジュリスト20号（2017年）58頁以下
・同ほか「座談会（日本国憲法研究（Number 21）天皇の生前退位）」同66頁以下
・横田耕一ほか「憲法から天皇の生前退位を考える（上・下）」法学セミナー745号（2017年）1頁以下・746号（2017年）5頁以下
・荒邦啓介『明治憲法における「国務」と「統帥」　統帥権の憲法史的研究』（成文堂、2017年）
・栗田佳泰『リベラル・ナショナリズム憲法学　日本のナショナリズムと文化的少数者の権利』（法律文化社、2020年）。

議院内閣制
——衆議院解散決定権の所在と限界

立命館大学教授
植松健一

Ⅰ　報道によると

1 「衆院解散 総選挙へ　来月10日公示 22日投開票　臨時国会審議なし」（毎日新聞、2017年9月28日）

　衆院は28日午後の本会議で解散された。政府は解散後の臨時閣議で、衆院選を「10月10日公示—22日投開票」とする日程を決める。安倍晋三首相は選挙戦で、消費増税の増収分を幼児教育無償化などに振り向ける使途変更を通じた「全世代型社会保障」や憲法改正の推進を掲げる。一方、民進党の前原誠司代表は同党を事実上解党し、小池百合子東京都知事が率いる希望の党への合流を進める。多くの選挙区で自民と希望が対決する「政権選択選挙」となりそうだ。

　第194臨時国会は28日召集され、政府は同日午前の臨時閣議で憲法7条（天皇の国事行為）に基づく解散詔書を閣議決定。正午過ぎの衆院本会議の冒頭で大島理森議長が解散詔書を読み上げた。民進、共産、自由、社民の野党4党は質疑なしの解散に反発して本会議を欠席した。衆院事務局によると、冒頭解散の本会議を主要会派が欠席したのは初めて。

　衆院選は2014年12月以来で、任期満了まで1年あまりを残しての解散だ。首相は本会議の後、自民党両院議員総会であいさつ。「1990年代に新党ブームが起き、2009年は民主党ブーム、それがもたらしたものは混乱と経済の低迷だ」と述べ、希望の党と民進党の合流をけん制した。さらに「選挙のためだけに看板を替える政党に、日本の安全、子供たちの未来を任せるわけにはいかない」と声を張り上げ、5年弱続く政権の継続を訴えた。

　解散で、所信表明演説や代表質問は行われず、北朝鮮の核実験や弾道ミサイル発射などへの非難決議も見送られた。政府は臨時国会で「働き方改革」や受動喫煙対策の関連法案、カジノ設置に向けた統合型リゾート（IR）実施法案の

成立を目指す構えだったが、いずれも先送りとなった。

　野党は6月に憲法53条に基づいて臨時国会召集を要求していた。首相が「丁寧な説明」を約束していたのに解散に踏み切ったことに対し、加計学園問題や森友学園問題などの「疑惑隠しだ」と反発。「大義がない」と指摘する。これに対し菅義偉官房長官は28日の記者会見で「社会保障を全世代型へ転換する。今までの約束と違う大きな方向付けには国民の信を得る必要がある」と反論した。

　首相は25日の記者会見で解散を「国難突破解散」と位置付け、北朝鮮への圧力路線継続や、少子高齢化克服に向けた「人づくり革命」推進のための総額2兆円規模の対策を打ち出した。勝敗ラインを「与党で過半数」とし、過半数を取れなければ「私は辞任する」と述べた。一方、小池氏は27日の結党会見で「寛容な改革保守政党」を掲げ、「日本をリセットする」と宣言。選挙戦を「政権選択選挙」と位置付け、「自民対希望」の2大政党対決に持ち込もうとしている。

　争点は19年10月に10％に引き上げられる消費税。首相が使途変更を打ち出すのに対し、小池氏は凍結を主張。憲法改正では、首相が自衛隊を明記する案を提起するのに対し、希望は地方自治や1院制などの議論を優先させる。原発では小池氏が「2030年ゼロ」を掲げる。衆院定数は7月に施行された改正公職選挙法に基づき、小選挙区は6減の289、比例代表は4減の176で、戦後最少の465議席を争う。過半数は233議席。［高山祐］

2　「解散『時間の制約視野に』　菅首相会見　慎重姿勢でも含み残す」
（読売新聞、2020年9月17日）

　16日に発足した菅内閣は、本格政権を見据え「実績重視」の姿勢を鮮明にした。衆院議員の任期満了が約1年後に迫る中、菅首相がいつ衆院解散に踏み切るかに注目が集まっている。

　首相は16日の就任記者会見で「新型コロナウイルスの感染拡大防止と、経済の両立を国民は一番望んでいる。まずこのことに全力を挙げて取り組んでいきたい」と述べ、早期の衆院解散・総選挙に慎重な姿勢を改めて示した。一方で、「時間の制約も視野に入れながら考えていきたい」と含みを残し、解散時期については「フリーハンド」であることを強調した。

　連立を組む公明党は、コロナの影響で衆院選準備が整わないとして年内解散に反対している。山口代表は16日の与党党首会談後、記者団に「首相の方針

は『仕事をしよう』ということだ」と述べ、早期解散をけん制した。自民党内では、再任が８人に上った今回の閣僚の顔ぶれに、「安倍路線の継承を前面に出し、選挙するには華がなさすぎる」（閣僚経験者）として、早期解散は遠のいたとの見方が広がっている。

　その一方で、「『ご祝儀相場』があるうちに解散したほうがいい」といった早期解散論が根強く残っている。二階幹事長は16日のNHK番組で「党はいつ解散があっても対応できるよう準備を整えている。明日でも結構だ」と語った。麻生副総理兼財務相も15日の記者会見で、「来年は五輪があり、早期解散を考えるべきだ」と述べた。

　10月に衆院議員の任期満了を迎える来年になると、菅氏が「解散カード」を切るタイミングは限られる。夏には公明党が国政選挙並みに重視する東京都議選があるほか、７月から９月にかけて東京五輪・パラリンピックが行われる。９月には自民党総裁選も控えている。

　解散のタイミングを巡り、自民党は過去に苦い経験がある。麻生内閣は2008年９月の発足直後、高い内閣支持率を誇った。自民党内から早期解散を求める声が強まる中、当時の麻生首相はリーマン・ショックへの対応を優先し、任期満了が近い翌年の７月まで解散に踏み切らなかった。その結果、自民党は惨敗し、政権交代を許した。このときに、選挙対策副委員長として、麻生氏に早期解散に慎重な意見を進言したのは菅氏だった。

【関連条文】

憲法69条　内閣は、衆議院で不信任の決議案を可決し、又は信任の決議案を否決したときは、10日以内に衆議院が解散されない限り、総辞職をしなければならない。

7条　天皇は、内閣の助言と承認により、国民のために、左の国事に関する行為を行ふ。

…

　三　衆議院を解散すること。

Ⅱ　何が問題なのか

　解散は、議員全員を任期満了前に失職させる行為である。両院制を採る日本国憲法は、衆議院にだけ解散を予定している。

　衆議院解散は生々しい政局と無関係ではいられない。**記事1・2**は、首相がフリーハンドの「解散カード」を握っていて、カードを切る好機をねらっているかの書きぶりである。この記事に限らず、政界やメディアにおいては「解散は総理の専権だ」などと言われたりもしている。しかし、この言い方は憲法条文上は正確ではない。憲法には内閣総理大臣に解散権を与えた規定などないからである。

　解散は7条に基づき天皇が行う。しかし、この行為は国事行為という形式的行為であり、天皇が自ら解散を決定するわけではない。ならば解散を実質的に決定する機関はどこか。69条所定の場合（「衆議院で不信任の決議案を可決し、又は信任の決議案を否決したとき」だが、さしあたり不信任決議を想定すればよい）ならば、内閣が衆議院解散を選択できる（選択しなければ内閣総辞職しか途はない）。問題なのはそれ以外の場合である。69条以外に解散の決定権に言及する規定はない。ところが日本国憲法施行後の1948年から2017年までの24件の解散事例のうち実に20件は、不信任決議・信任案否決とは無関係に、内閣の判断により行われてきた。1950年代には、そのような解散を違憲とする説も有力で、政界・学界での論争もあったが（「解散権論争」）、現在では違憲論の影は薄い。定着した慣行は統治機構に関する憲法解釈の無視できない考慮要素であるから、やはり解散決定は内閣の自由裁量に属するという見方も成り立つ（この場合でも決定権は合議体としての「内閣」にあり、「総理の専権」ではない点を誤解してはならない。この違いは政党連立政権の場合などには実質的な重みを持つ）。

　とはいえ慣行は不変のものではない。近年では、「長年にわたって疑われることのなかった解散権に関する慣行の是非も改めて検討の対象とする必要」（立憲デモクラシーの会「議会政治の劣化と解散問題に関する見解」2016年12月12日）を説く声も高まっている。こうした世論や学説の動向も意識しつつ、以下の論点を考えてみよう。①69条所定の場合以外の解散は可能なのか。②可能とする場合の決定権はどの機関が有し、またその権限行使に制約はあるのか否か。③これらの解釈論に基づき、**記事1・2**の事案はどのように評価されるのか。

Ⅲ｜考えてみるには

1　解散の制度趣旨

　議会解散の制度趣旨として、立法府と執行府との権力分立（抑制・均衡）の確保が挙げられることもある。しかし、議会下院の多数派と内閣とが人的・機能的に融合する議院内閣制のもとでは、そのような役割はあまり期待できない。むしろ現代における解散の役割としては、「総選挙を通じた民意確認の機会の提供」を挙げるのが一般的である。この文脈でよく紹介されるのは、英国の1909年と1910年の２度の庶民院（下院）解散である。当時の自由党アスキス内閣は、累進課税強化などを含む予算案に激しく抵抗する貴族院（上院）を解散総選挙の勝利を背景に屈服させ、さらに２度目の解散総選挙の勝利を背景に貴族院の権限削減のための法律を通過させた。こうした歴史の積み重ねで形成されてきた英国の議院内閣制は、ウェストミンスター・モデルと呼ばれている。それは、二大政党が選挙による民意の支持を求めて政策を競い合うイメージであり、政府与党側は必要とあれば下院解散を断行して、自らの実行したい政策について総選挙で民意を問うのである。このような運用を日本でも実現しようというのが、小選挙区比例代表制を衆議院に導入した1994年の「政治改革」関連法の「理念」であった。また、そのような運用を憲法モデルとして提示するのが、多数派形成モデルの選挙制度と二大政党ブロックを基盤とした「国民内閣制」論（高橋和之『現代立憲主義の制度構想』〔有斐閣、2006年〕）であり、この説をめぐり1990年代の憲法学では活発な論争も生じた。

2　衆議院解散決定権をめぐる学説

　内閣は69条該当の場合にのみ衆議院の解散決定権を有するという解釈（69条限定説）が、「憲法も文言に最も忠実であるようにみえる」（新コメ585頁〔只野〕）。日本国憲法運用初期の「解散権論争」では、この69条限定説からの主張がみられた。しかし、実務では採用されず、学説でも少数説にとどまった。「解散の民意確認機能」を重視するなら、不信任決議——これは議院内閣制のもとでは与党分裂のような稀なケースを除けば成立しがたい——がなければ衆議院の任期満了まで総選挙の機会を認めないのは、問題といえるかもしれない。その点への考慮もあって、69条限定説を採る論者の中には、衆議院自身による解散（自主解散）についてはこれを認める者もいる（69条限定＋自主解散承認説）。しかし自主解散承認説は、憲法上の根拠が不明確であること、議会内少

数派排除の目的に解散が濫用されかねないことなどの点で批判されてきた。

　こうして69条所定の場合以外にも内閣の解散を認める見解（69条非限定説／裁量解散説）が支配的である。ただし、その論拠は以下のように諸説ある。

(1)　制度説

　この説は、憲法の各条規の背後にある一般的な憲法原理から、内閣の解散決定権を根拠づける。議院内閣制とは内閣不信任権と議院解散権の行使可能性を背景にして議院と内閣とが抑制・均衡を保つ制度なのであるから、議院内閣制を採用する日本国憲法のもとでは、内閣が解散決定権を有するのは当然だというのである。1つの有力説であるが、その難点は大前提である《議院内閣制＝内閣と議会の抑制・均衡》という認識自体が盤石ではない点である。政府が議院に連帯責任を負っている体制ならば議院内閣制に該当するのであり、両機関の抑制・均衡は本質的な指標ではないという説も有力である（抑制・均衡を指標に含めた場合、大統領の議会解散権が名目化した議会優位のフランス第三共和政や、憲法で議会の解散を著しく限定しているドイツ連邦共和国は議院内閣制ではないという帰結に至ってしまう）。そもそも議院内閣制の形は多種多様であり、何らかの「本質」を求めることに無理があるといえそうである。

(2)　法制度類比説

　この説は、憲法上の法制度間の連関を重視し、内閣に国会召集決定権が付与されている（53条）ことの類比により、内閣の解散決定権も導き得るとする（樋口陽一ほか『憲法を学問する』〔有斐閣、2019年〕131-132頁〔石川健治〕。石川はこれを「制度説」と呼ぶ）。しかし、召集は解散総選挙後の特別会だけでなく会期毎に行われることからすれば、召集に対応するのが解散決定なのかは異論もあろう（実務上は、国会が国会法で常会の会期を150日間と法定し、その延長や臨時会・特別会の会期は両院の議決に委ねている〔国会法10〜12条〕）。

(3)　65条説

　立法でも司法でもない解散決定は行政作用として65条に基づき内閣に帰属するという説である。しかし、この説の前提にある行政控除説的な発想は現在では批判も強く、少なくとも国家機関間の権限の所在の究明には不向きである。この点は65条の「行政権」の意味を執政権と捉えた場合でも（「執政」とは法律執行にとどまらない国政の立案・指導を意味するので、解散決定を「行政」ととら

えるよりは論の筋が良いとはいえ）事情は変わらない。憲法上で執政権（executive power）を付与されたアメリカ合衆国大統領でも連邦議会解散権を持つわけではないのと同様に、65条単体では権限の根拠規定とはならないのである。

⑷　7条説

　この説は、国事行為としての衆議院解散に対して内閣が行う「助言と承認」には解散の実質的決定が含まれるので、内閣は69条所定の場合に限らず解散決定権を持つとする解釈ある。この説にも以下のような批判がある。国事行為は形式的・儀礼的なものなのだから、「助言と承認」も実質的性格を伴わないと解すべきではないか。この説は「助言と承認」を、議会解散決定権を有する君主への助言を通じて国務大臣がその責任を引き受けるという立憲君主制下の大臣助言の発想で理解しているようだが、「国政に関する権能を有しない」（4条）象徴天皇制下の説明としては不適当ではないか。

　このように各説とも相応の説得力はあるものの、同時に難点を抱えており、決定打に欠けるところがある。とはいえ、歴代の内閣は7条説に立っており、学説でも一応の通説の地位を占めている。

3　解散決定に限界はあるのか

　69条非限定説を採る場合、解散決定に関する内閣の裁量の有無が次の問題になる。歴代の内閣は解散決定に事由上の限界はないとする立場だった（参議院予算委員会2015年3月17日安倍内閣総理大臣答弁など）。非限定説の憲法上の論拠は内閣の裁量の幅と直結はしないものの——7条説は自由な解散までを根拠づけるものではないし、制度説が重視する抑制・均衡にしても不信任決議への対抗解散だけで十分に保たれているという反論も可能である——、内閣の自由裁量を認める方向に親和的といえそうである。にもかかわらず学説では、7条説にせよ制度説にせよ、「民意の確認」という解散制度の目的や両院制の趣旨などを手がかりにして、解散決定について条理上の限界があるとする見方（限界存在説）が有力に主張されてきた。限界存在説に立つ芦部信喜は69条所定の場合以外に許される解散例として、①内閣にとっての重要案件が衆議院で否決や審議未了となった場合、②政界再編等で内閣の基本的性格が変わった場合、③前回総選挙の争点には無かった重大な政治的課題に対処する場合、④内閣が基本政策を根本的に変更する場合、⑤議員の任期満了時期が接近している場合を挙げたうえで、これらに該当しない例えば「内閣の一方的な都合や党利党略

で行われる解散は、不当である」としている（芦部・憲法346頁）。この「不当」という評価は法学的には曖昧な印象を与えるが、統治機構の運用に関しては「合憲／違憲」とは別に「立憲／非立憲」という基準で評価を下すべき場面も多いといえるのであり（樋口ほか前掲・346-354頁〔石川〕参照）、「不当」な解散は立憲主義の精神に反する「非立憲」の行為として政治的非難を免れない。もっとも、「内閣にとって重要法案の否決」とか「重大な政治的課題」といった曖昧な基準では、その違反の判定が困難だという問題はなお残ることも否定し難い。

　これに対して「国民内閣制」論からすれば、内閣の自由な解散決定は野党側を民意から乖離させないためにも必須である。「内閣を攻撃する野党は、いつ解散されてもいいように、常に国民の多数派に支持されうるような代替政策を提示しようとする」（高橋・憲法358頁）からである。

4　司法審査の可能性

　内閣による「不当な」解散決定を裁判で是正することは可能だろうか。有権者であれば選挙無効訴訟の中で解散の違憲性を争う途があろう（このような例として、名古屋高判1987・3・25判時1234号38頁）。また解散で失職した衆議院議員本人であれば、議員としての地位の確認や、未払い歳費または慰謝料の請求が考えられよう。「抜き打ち解散」（1952年）の合憲性が争われた苫米地事件は、後者のタイプの訴訟であった。この事件で最高裁は、いわゆる統治行為論を採用して憲法判断を回避した（最大判1960・6・8民集14巻7号1206頁）。もっともこの事件の原審・原々審は憲法判断を行っている。すなわち、第一審（東京地判1953・10・19行集4巻10号2540頁）は、7条説を根拠に内閣の裁量による解散決定権を認めたうえで、しかし一部の大臣だけの解散詔書への署名では内閣の「助言」とはいえないとして本件解散を無効とした。これに対し控訴審（東京高判1954・9・22行集5巻9号2181頁）は、「助言」に手続上の瑕疵を認めず本件解散を有効としている。統治行為論が判例として定着しているとはいえ、解散に司法審査が及ばないとする考えを当然視する必要はない。

Ⅳ　「答え」を導き出そう

1　「国難突破解散」の憲政上の評価

　《69条非限定＋限界承認》という学説通説を前提に、**記事1**が扱う「国難突

破解散」を考えてみよう。この解散を安倍首相が決断した動機は、2017年 9 月25日の官邸記者会見（現在も首相官邸のウェブサイトに載っている）で語られている。しかし、この会見は、日本が直面する課題については雄弁だが、解散の必要性の説明としては弱い。解散の理由は、消費税率引き上げによる増収の 8 割を国の債務返済に充てるという方針を変更して少子高齢化対策に充てたいが、それは当初の「国民の皆様とのお約束を変更し、国民生活に関わる重い決断を行う以上、速やかに国民の信を問わねばならない」というに尽きる。そして安倍首相は、「少子高齢化」と、それとは無関係の「緊迫する北朝鮮情勢」とを「国難」と位置付け、「この国難を乗り越えるため、どうしても今、国民の声を聞かなければならない」と説いた。ゆえに「国難突破解散」というわけである。たしかに税金の使途は国民の関心事だが、その若干の軌道修正のたびに解散総選挙による民意確認が必要なのだろうか。2014年 7 月に集団的自衛権行使に関する政府解釈という憲法上最重要の「国民の皆様とのお約束を変更」する際にすら、解散で「国民の信」を問うことはなかったのにである。ちなみに、2014年11月の解散（「アベノミクス解散」）の理由も予定していた消費税率引き上げの18カ月延期であったが、しかし2016年 6 月に30カ月の再延期を決定した際には、解散など行っていない。「国民の信」の問い方として、あまりにご都合主義である。

　「国難突破解散」の真の目的は別のところにあった可能性もある。この頃の安倍政権は森友学園・加計学園をめぐる疑惑で国会でも野党から厳しい追及を受けており、内閣支持率も低下していた（時事通信の同年 7 月世論調査では前月比15.2 ポイント下落の29.9％）。また野党側には再結集の動きが具体化しつつあった。安倍首相と官邸にとって、野党再編の機先を制すると同時に、諸々の政治スキャンダルをリセットすることが、この解散のねらいだったのかもしれない。だとすれば、学説が説く「解散が認められる場合」に該当しない、「不当な」解散という評価も可能であろう。なお、野党会派からの臨時会召集要求を 3 カ月近く放置したうえでの、臨時会冒頭での解散であることも心に留めておきたい。一切の審議が行われなかった以上、53条の内閣の義務（→本書13「民主主義」参照）を実質的に果たしていない違憲状態下での解散である。

　こうした問題含みの解散であったが、総選挙は野党再編により誕生した「希望の党」のオウンゴール的壊滅というアシストもあって連立与党側が改選前に近い議席（公明党のみ 5 議席減）を維持した。獲得議席だけでいえば国民は安倍政権を信任したことになるが、投票率わずか53.7％の結果を「民意」と同定

することにも違和感は残る。そもそも、内閣支持率がもっと低ければ首相は解散を躊躇しただろうし、与党の勝利が見込める時期であったからこそ、この時期に解散を選択したことは間違いない。

2　解散の「民意確認機能」を再考する

　どうやら解散の「民意確認機能」自体も再考の余地がありそうである。なるほど総選挙は民意確認の機会である。しかしながら、選挙の前段階の内閣の解散決定もそうだとは限らない。内閣の自由な解散決定を「民意確認機能」によって正当化する発想は「解散権を有する内閣が自己利益を克服し公益の観点から判断して適切な解散の時期を定めうることを前提としているが、かかる前提が非現実的ではないか」（二本柳高信「権力保持者の自己利益と憲法」専修法学論集138号〔2020年〕227頁）。むしろ実際には、首相または内閣は自派や自党に都合の良い時期にのみ解散を選択し、その選挙結果を「国民の信任」と同定させているのではないか。そうだとすれば、内閣の自由な解散決定は、選挙の持つ民意確認機能をむしろ歪めているのではなかろうか。解散決定権の濫用の危険性は学説でも意識はされてきたものの、「国民がしっかりしていれば、濫用はさほど懸念するにも及ぶまい」（清宮・憲法Ⅰ238頁）といった楽観論が上回っていたといえよう。「自由な解散」論に立つ「国民内閣制」論の場合、恣意的な解散は選挙の敗北という政治的制裁で対処すればよいと考えることになろう。他方、解散の限界存在説に立つ場合でも、裁判所が判断を放棄している以上、やはり「不当」な解散を行う内閣に対する有権者による政治的制裁が下されて、それが慣行化しなければ意味がないはずである。ところが「国難突破解散」のような「不当」な要素の色濃い解散においても与党が敗北しないようでは、歯止めの慣行の成立に期待するのは「百年河清を待つことになりかねない」（長谷部恭男『憲法の虫眼鏡』〔羽鳥書店、2019年〕62頁）だろう。

　このような閉塞状況への危機感の表れだろうか、解散に対する学説の評価にも変化がうかがえる。その象徴的な例は、制度説に立つ佐藤幸治の所説の変化である。2011年の佐藤は、従来の「自由な解散」の慣行もふまえて、「日本国憲法の想定する議院内閣制は、まさに『国民内閣制』論（…）の文脈で理解されるべきである」（佐藤・憲法論〔初版〕479頁）と説いていた。しかし2020年の佐藤は、安倍政権の解散を「小刻み解散」と呼び、それが国会の存在理由を軽からしめ「長期的課題（痛みを伴う課題）への取組みを先送りする結果をもたらした」という見解を紹介したうえで、解散権の濫用と言われないような

「憲法運用者による自己抑制的習律を確立していくことが強く望まれる」と説くに至っている（佐藤・同〔第 2 版〕522-523頁。強調点は佐藤）。

　安倍政権下での解散事例に加えて、2010年に英国で制定された議会任期固定法（Fixed-term Parliaments Act 2011）も、学説における解散制度再考の刺激要因になっている。任期満了前の解散を庶民院による不信任決議の場合と、議員 3 分の 2 以上の特別多数による庶民院の解散決議の場合に限定したこの法律は、日本の憲法学が英国の議院内閣制に抱いてきた内閣の「自由な解散」というイメージを覆すもの（このイメージ自体が虚像だったと指摘する、小堀眞裕『英国議会「自由な解散」神話』〔晃洋書房、2019年〕第 2 部も参照）であったから、注目を集めたのも無理はない。もっとも、2019年には EU 離脱交渉での国論分裂状況を総選挙によって突破しようとしたジョンソン内閣のもと、早期議会総選挙法（Early Parliamentary General Election Act 2019）が制定され、議会任期固定法の縛りをたやすく乗り越えてしまった。連邦議会の解散を首相信任案否決の場合などに限定したドイツでも、信任案を与野党合意のもとで否決するという憲法の想定とは異なる解散事例がみられる。このように外国の制度や運用への準拠は、ときに梯子を外されたりもするので、慎重さが求められる。

3　もう 1 つのソリューション──立法による解散決定権制限と自主解散

　上記の事情を背景に、憲法改正または立法を通じての解散決定権の濫用防止の構想が示されている。内閣の解散権制約の方向性としては、①要件上の制約と、②手続上の制約が考えられる。①は許される解散事由の限定列挙などである。この場合の要件は「国政の重大な問題が生じたとき」といった概括的な文言になりがちなため歯止めとしては脆弱といえるが、それでもメディアや世論の批判の手がかりになることで一定の抑止効果が期待できる。②の例としては、内閣の解散表明の日から解散日まで、あるいは解散日から総選挙の投票までに十分な間隔を置くことで、有権者が熟慮のうえで解散の妥当性を判定する機会を確保しようとするものである。

　この他にも、解散決定を衆議院のイニシアティブに委ねる方向性がありうる。これは自主解散説の考え方を制度化するものといえるが、自主解散が議会与党により濫用される懸念に対しては、野党の同意も必要になる程度の特別多数を解散決議の要件とすれば一定の対処となり得よう。議員数の少ない自治体議会の自主解散については「議員数の 4 分の 3 以上の者が出席し、その 5 分の 4 以上の者の同意がなければならない」という高めの設定となっているが（地方

公共団体の議会の解散に関する特例法2条2項）、衆議院の自主解散については憲法が議事定数を総議員の3分1以上の出席としている（56条1項）関係からも、議員の3分の2の賛成を要件とする案が標準的である。さらに、憲法が4年の任期を衆議院に設定した点を重視するならば、69条所定の場合以外の解散を禁じるという構想もあり得よう。それにより内閣は安定的な政策を国民に提供できる一方、任期満了期が政権与党に不利な政治状況であっても選挙による国民の審判をきちんと仰ぐことが期待できる。いずれも、現行の運用下では疑わしい解散の「民意確認機能」の実質化の追求ということができよう。

　これらの制度を憲法改正ではなく法律で定める場合は、立法政策上の当否に加えて、その合憲性も吟味されねばならない。権力分立違反などを根拠に違憲とする説もみられるが、内容が憲法に反するものでなければ、立法政策の問題と解してよいだろう（宍戸常寿編著『憲法演習ノート〔第2版〕』（弘文堂、2020年）［西村祐一］403-412頁参照）。

［参考文献］

・深瀬忠一「衆議院の解散」宮沢俊義先生還暦記念『日本国憲法体系4』（有斐閣、1962年）
・小島慎司「苫米地事件」長谷部恭男編『論究憲法』（有斐閣、2017年）65頁
・高見勝利「解散権行使に対する憲法上の制約」稲正樹ほか編『平和憲法とともに』（新教出版社、2020年）108頁
・大山礼子「審議回避の手段となった衆議院解散権」憲法研究2号（2018年）135頁
・長峯信彦「衆議院の解散は"総理の専権事項"ではない」憲法ネット103編『安倍改憲・壊憲総批判』（八月書館、2019年）193頁
・植村勝慶「解散権制約の試み」憲法研究5号149頁（2018年）
・植松健一「政治プロセスにおける衆議院解散の位置」憲法理論研究会『岐路に立つ立憲主義』（敬文堂、2018年）31頁

10 税制
——ふるさと納税と法の不遡及原則

富山大学准教授
伊藤嘉規

Ⅰ｜報道によると

1 「ふるさと納税　泉佐野市が逆転勝訴　最高裁『対象除外は違法』」
（日本経済新聞、2020年 7 月 1 日）

　ふるさと納税制度の対象自治体から除外したのは違法だとして、大阪府泉佐野市が除外決定の取り消しを求めた訴訟の上告審判決が30日、最高裁であった。第 3 小法廷（宮崎裕子裁判長）は国勝訴とした大阪高裁判決を破棄し、決定を取り消した。泉佐野市の逆転勝訴が確定。地方分権で国が制度の具体的運用を地方に委ねる場面が増える中、ルール設定のあり方が改めて問われる。

　返礼品の割合を 3 割以下とするなどの規制基準を定めて対象自治体を指定する新制度を導入した際、過去の泉佐野市の返礼品の取り扱い状況に基づいて除外を決めたことが妥当かどうかが最大の争点だった。

　同小法廷は判決理由で「新制度の施行前は、返礼品の提供で特に法令上の規制は存在しなかった」とした上で「新制度は一定の対象期間の寄付金募集実績に関するもので、施行前の過去の実績をもって（泉佐野市を）不適格とすることを予定していると解するのは困難」とした。

　新制度に関する国会審議についても「過去の実績を基に不適格にできる前提で審議されたとはいえない」と判断した。

　泉佐野市が返礼品にアマゾンギフト券を上乗せするなどしたことには「寄付金集めをエスカレートさせ、社会通念上の節度を欠いた」とも述べたが、それでも施行前の実績を理由に、同市が将来も同様の対応をするとは推認できないと指摘。過去の実績に基づいて同市を除外した国の対応を「違法なものだ」と結論付けた。裁判官 5 人全員一致の意見。

　ふるさと納税は生まれ故郷など応援したい自治体に寄付すると居住地の住民税などが控除される制度で、2008年に導入された。豪華な返礼品で寄付金を

集める競争が過熱し、国は15年以降、高額返礼品や商品券などを提供しないよう求める通知を出した。

　地方税法改正に伴い、19年6月には「返礼品は寄付額の3割以下とし、地場産品に限る」との基準が加わり、対象自治体を指定する新制度が始まった。

　国はこれに先立つ19年4月、「18年11月以降、趣旨に反する方法で多額の寄付金を集めた自治体は除外する」と告示。18年度に全国の1割弱に当たる497億円を集めていた泉佐野市など4自治体を除外した。

2　「ふるさと納税、総務省に汚点（社説）」（日本経済新聞、2020年7月1日）

　法治主義の観点から総務省は汚点を残したといえるだろう。大阪府泉佐野市がふるさと納税制度から外されたことを不服として国を訴えた訴訟で、最高裁は国に逆転敗訴の判決を言い渡した。

　争点は法規制がない時点での異常な寄付集めを除外処分の理由としたことの是非だ。最高裁は「新制度は過去を理由に処分することを想定して作られたとはいえない」として除外は違法とした。

　総務省は処分ありきで法的な枠組みを組み立てたと言われても仕方がない。だが、遡及適用との指摘を避けるため、立法過程では過去の寄付集めを処分の理由にするとは明示できなかった。無理のある枠組みで処分しようとしたことを反省すべきだ。

　返礼品競争への懸念は2008年の制度創設時から総務省にあった。だが、地方分権の時代でもあり、性善説に立って自治体の良識に任せた。15年に寄付拡大を促すと懸念が現実になった。このときに法規制を入れる手もあったが、強制力のない通知で自粛を促せば自治体は従うとみて見送った。

　しかし、返礼品競争は過熱の一途をたどり、総務省の対応は後手に回った。寄付の急激な膨張に焦り、強引な形で規制を導入して勇み足になった形だ。

　地方分権は官僚による事前調整からルールに基づく事後監視を目指した平成の統治機構改革の一環だ。ふるさと納税のように一定の競争を促す政策は、自治体の自主性を尊重しつつ、問題になりそうな事態には事前にルールを定める必要がある。分権時代の自治体規制のあり方に課題を残した。

　判決の補足意見は、泉佐野市の勝訴という結論に「いささか居心地の悪さを覚えた」と記す。制度の趣旨に反した泉佐野市の寄付集めにも問題があるのは明らかだ。制度に復帰する際はルールを順守すべきなのは言うまでもない。

　ふるさと納税には高所得者にメリットが大きいなど改善の余地がまだある。

健全な制度に向け、不断の見直しが必要だ。

【関連条文】

憲法84条　あらたに租税を課し、又は現行の租税を変更するには、法律
又は法律の定める条件によることを必要とする。

総務省ふるさと納税ポータルサイトより
ふるさと納税 PR ポスター（2015年５月15日）

Ⅱ　何が問題なのか

1　ふるさと納税制度とは

　「ふるさと納税」とは、応援したい地方自治体に寄附ができる仕組みである。寄附を行うと、多くの自治体から「お礼」として、返礼品が送られてくることとなる。また寄附をしたお金のほとんどは税金の控除という形で戻ってくるため、実質2000円で地方の返礼品を受け取ることができる制度となっている。地方自治体に対してふるさと納税（寄附）をすると、ふるさと納税額のうち年間2000円を超える部分（年間のふるさと納税の合計額から2000円を引く）が、一定の上限まで原則として所得税・個人住民税から全額控除されるからである（図表1を参考）。

図表1　ふるさと納税制度の概要

控除外			控除額	
適用下限額 2,000円	所得税の控除額 （ふるさと納税額−2,000円） ×所得税率	住民税の控除額（基本分） （ふるさと納税額−2,000円） ×住民税率（10%）	住民税の控除額（特例分） （ふるさと納税額−2,000円） ×（100%−10%−所得税率） 住民税所得割額の2割を限度	

（例：年収700万円の給与所得者（夫婦で子どもがいない）が、仮に3万円分のふるさと納税を行うと、2000円を除く2万8000円が控除される。内訳として、①所得税の所得控除による軽減＝（3万円−2000円）×20％＝5600円②個人住民税の税額控除（基本分）＝（3万円−2000円）×10％＝2800円③個人住民税の税額控除（特別分）＝（3万円−2000円）×（100％−10％−20％）＝1万9600円、合計2万8000円となる；ただし、この計算においては復興特別所得税については考慮に入れていない。）

　　　　　総務省ウェブサイト「ふるさと納税ポータルサイト」内「ふるさと納税の概要」より

　2015年の税制改正により、寄附に対して戻ってくるお金＝「（控除）上限額」が約2倍に引き上げられ、「ワンストップ特例」により確定申告が不要になるなど（図表2を参考）、寄附を行う側にとって使いやすくなり、人気が高まっている状況にある。

　特にいわゆるサラリーマンとされる会社員にとっては数少ない「節税策」と言われており、2019年の利用者（控除適用者数）は約406万人である（2020年8月5日自治税務局市町村税課「ふるさと納税に関する現況調査結果（令和2年度実施）」参照）。納税者全体からみた利用率はまだ1割に満たないが、右肩上がりで増えている状況にある。

図表２　ふるさと納税ワンストップ特例制度

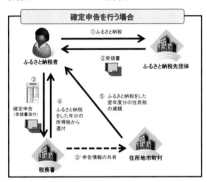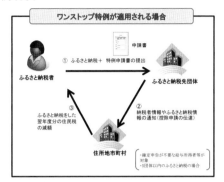

総務省ウェブサイト「ふるさと納税ポータルサイト」内「ふるさと納税の概要」より

　制度開始当初は利用状況が低迷していたが、2011年度改正における寄附金控除額に関する適用下限額が引き下げられ（5000円→2000円）、2015年度改正での「ワンストップ特例制度」および控除額の引き上げに加え、ポータルサイトを使った返礼品提供のアピールもあり、ふるさと納税受入額が大幅に増大した。それに伴い、制度趣旨とは外れ、過度な返礼品競争が行われるようになった。高価な（いわゆる還元率が高い）物や当該地域の産直品でもない、当該地域と何も関係がない物が返礼品として登場する例が続出した。

　このような状況は当初の制度趣旨に反すると、総務大臣からさまざまな通知がなされ、高額もしくは換金性の高い物、返礼割合の高い物を送付しないように求めたが、一部の地方自治体はその通知に応じていなかった（土日だけ換金性の高い電化製品等を数量限定でポータルサイトに出し、寄附金を集めることまで行われた）。このような多額な返礼品を「餌」に寄附金集めが行われると、他の自治体も税収減を避けようと、より多額な返礼品を提供するということが繰り返されることになった。しかしながら、このような多額な返礼品を伴う地方自治体の寄附金募集自体は違法ではなかった。加えて、上記の総務大臣によるさまざまな通知という形の指導は、任意性に基づく「（技術的）助言（地方自治法247条３項によると、地方自治体は助言等に従って事務を処理する法律上の義務はなく、これに従わなくても不利益な取扱いを受ける法律上の根拠はない。よって、助言に従わないといった理由による不利益な取扱いは禁止されている）」にすぎないとされていた。

2　2019年の改正により導入された「ふるさと納税指定制度」

　そこで過度な返礼品競争に歯止めをかけようと、国は2019年6月、総務省が指定した地方自治体だけをふるさと納税制度の対象とする改正地方税法を施行した。ふるさと納税制度の対象となる寄附金（特例控除対象寄附金）は、総務大臣が一定の基準に適合すると指定した地方自治体への寄附とする見直しが行われた。2019年6月1日以降は、この指定を受けた地方自治体に寄附した場合に限り、翌年分の個人住民税において特例控除対象寄附金の対象となるという、「ふるさと納税指定制度」が導入された。それは以下のような形をとった。つまり、改正地方税法37条の2において、第1項で、他の公益団体に対する寄附金よりも特例控除分が上乗せされる対象となる寄附金として「特例控除対象寄附金」を定め、第1項1号で地方自治体に対する寄附金が該当するとし、第2項にその定義規定を置き、基準に適合するものとして総務大臣の指定した地方自治体に対するもの（のみ）が、ふるさと納税制度の対象となる特例控除対象寄附金であるとなった。その際に次のような基準が法律上定められた。

　①寄附金の「募集の適正な実施に係る基準」として総務大臣が定める基準
　　（地方税法37条の2第2項柱書き）。
　②上記①で返礼品を提供する場合には、以下の基準（「法定返礼品基準」という）が定められた。（1）返礼品3割以下基準（同第2項1号）。（2）地場産品基準（同第2項2号）。

　指定は原則1年単位で行うこととされ、指定対象期間は毎年10月1日からその翌年9月30日までの期間とされた。

3　平成31年総務省告示第179号の制定

　総務省は、上記2で示した寄附金の「募集の適正な実施に係る基準」を定めるため、平成31年総務省告示第179号を制定した（いわゆる「委任立法」）。その告示の中で、2条において、寄附金の「募集の適正な実施に係る基準」を定め、次の各号のいずれにも該当するものが「ふるさと納税指定制度」の対象となるものであるとした。その概要は以下の通りである。

①　1号

　特定の者に対して経済的利益の供与を行うことを約して寄附者を紹介させる
方法その他の不当な方法による募集、返礼品等を強調した寄附者を誘引するた
めの宣伝広告、寄附者による適切な寄附先の選択を阻害するような表現を用い
た情報提供等の取組を行わないこと。当該地方自治体の区域内に住所を有する
者に返礼品等の提供を行わないこと。

②　2号

　各年度において寄附金の募集に要した費用の合計額が、原則として、当該各
年度において受領した寄附金の合計額の5割以下であること。

③　3号

　2018年11月1日から地方税法37条の2第3項所定の指定申出書提出日まで
の間に、「ふるさと納税制度が、ふるさとやお世話になった地方自治体に感
謝・応援の気持ちを伝え、又は税の使い途を自らの意思で決めることを可能と
することを趣旨として創設された制度であることを踏まえ、その適切な運用を
行うこと（本告示1条に規定されている）」という趣旨に反する方法により他の
地方自治体に多大な影響を及ぼすような寄附金の募集を行い、当該趣旨に沿っ
た方法による寄附金の募集を行う他の地方自治体に比して著しく多額の寄附金
を受領した地方自治体でないこと。

　このような制度を総務省として導入した。上記の告示に基づいて指定を行う
こととし、告示に反する返礼品を贈る地方自治体を制度から除外することにし
た。

4　泉佐野市と国との対立

　泉佐野市はピーク時では千品目を超す返礼品で注目された自治体であった。
泉佐野市は、独自のウェブサイトを開設し、返礼品の価格や割合を示したり、
全国各地の名産品のほか、格安航空会社で使用できるポイント、宝石など多く
の種類の返礼品を用意し、寄附金を集めていた。総務省によると、泉佐野市は
2018年度には全国1位となる約497億円の「ふるさと納税」を集め、全国の1
割弱を集めていた（2位が静岡県小山町の約250億円であるから、ほぼ倍集めてい
た。ちなみに2位の小山町も泉佐野市と同じく、2019年改正当初の「ふるさと納税
制度」から除外された）。とりわけ、2019年4月2日〜2019年5月31日にかけ
て「300億円限定キャンペーン」、「泉佐野市史上、最大で最後の大キャンペー

ン」と称し、従来の返礼品に加えアマゾンギフト券の交付（寄附金の10〜40％）を行った。

　このような制度利用状況にあった泉佐野市が本件告示3号（上記3の③）の適用を受けて、ふるさと納税制度の対象自治体から除外されたことが本件の争点である。国と地方自治体との紛争の解決を図る第三者機関・国地方係争処理委員会に対し、泉佐野市が審査の申出を行い、同委員会は国に泉佐野市の除外への再考を求めたが、国は態度を変えず、司法の場で争われることになった。

　原審にあたる大阪高裁（国地方係争処理委員会の審査を経たものは、地方自治法251条の5第3項に基づいて当該地方自治体の区域を管轄する高等裁判所が第一審となる）では、地方税法37条の2第2項による「ふるさと納税指定制度」において、総務大臣が泉佐野市を指定しなかったことが違法であるとしてその取消を求めるのに対し、同法に基づく告示に定める「募集の適正な実施に係る基準」は、法の委任の範囲内のもので、租税法律主義に反するものではなく、技術的助言に従わないことへの不利益的な取扱いとして地方自治法247条3項に反するものではなく、同市が同告示の要件を満たさないとの総務大臣の判断は違法でないとされた（大阪高判2020・1・30判自465号33頁）。その後、泉佐野市側が上告し、最終的に最高裁で判決が出されることとなった（最三小判2020・6・30判自465号21頁）。以下では、本最高裁判決を取り上げていくことにする。

Ⅲ　考えてみるには

1　租税法律主義とは

　租税法律主義とは、租税は公共サーヴィスの費用調達のため、国民の財産権の一部を国家の手に移すものであるから、その賦課徴収は、必ず法律の根拠に基づいて行われなければならない原則をいう。よって、租税に関する重要な事項はすべて法律で定めることを要請している。「課税要件（納税義務者、課税物件、課税標準、税率等）と租税の賦課・徴収の手続が法律で定められなければならないことを意味するが、これらについての法律による定めは明確なものでなければならない。なお、租税に関する法律が政令等の命令に委任をすることは認められるが、その委任は個別具体的なものでなければならない。なお、地方税法は、地方公共団体が条例により独自の地方税を定めうるとしている（地方税法2条以下）が、これは地方公共団体に対して地方税の税目・税率等を定めることを委任した規定と解すべきではない（市川・基本講義383頁）」、とされ

ている。租税法の分野では、①課税要件法定主義、②課税要件明確主義、③合法性の原則、④手続的保障の原則、⑤遡及立法の禁止、が租税法律主義の内容としてあげられる。

2 租税法における法の不遡及原則とは

憲法84条の定める租税法律主義は、納税者の法的安定を図り、予測可能性を与えることを目的の 1 つとしている。租税法の分野で問題とされるものとして、いわゆる遡及立法、公布の日より前に遡って適用される立法、の可否が存在する。「人々は、現在妥当している租税法律に依拠しつつ――すなわち、現在の法規に従って課税が行われることを信頼しつつ――各種の取引を行うのであるから、後になってその信頼を裏切ることは、租税法律主義の狙いである予測可能性や法的安定性を害することになる。憲法は、この点について明文の定めをおいていないが、憲法84条は納税者の信頼を裏切るような遡及立法を禁止する趣旨を含んでいる」(金子宏『租税法〔第23版〕』〔弘文堂、2019年〕121頁)、と解するのが一般的である。もっとも、遡及的に非課税にするような納税者に有利な改正の遡及適用は、納税者に不利益をもたらすものではないので許容されるとされている。ただし、憲法39条に遡及処罰の禁止(ある行為が行われたときには合法であったものが、後に新たに法律が制定され、その法律に基づくと有罪になってしまう場合でも刑罰を科すことはできない。後から法律を作っていくらでも有罪にしてしまうことができるから禁止されている。加えて行為時の刑罰より重い刑罰を科すことも本条に反するとされている)が定められているように、刑罰の場合は明確であるが、租税の場合、経済負担の問題であるので、遡及処罰ほど厳密ではなく、課税対象によって異なるとされている。すなわち、所得税のように、暦年(1 月 1 日から12月31日までの所得)課税を標準としている「期間税」の場合は、所得額が計算でき、納税義務が成立するのは期間終了時点であることから、期間終了時点までに法改正がなされていれば租税法律主義に反しないとされている。4 月 1 日施行の法律において、建物譲渡による損失について損益通算(本事例の場合、不動産の処分で出た損失を他の所得から差し引いて相殺し申告できるというもの)が廃止されたが、同年 1 月30日に行われた同損失にも遡及適用を及ぼした事例で、租税法規の遡及適用を違憲としなかった事例が存在する(最一小判2011・9・22日民集65巻 6 号2756頁〔土地譲渡損失損益通算否定事件〕)。逆に不動産取得税のような「行為税」の場合は、改正法施行後の行為にのみ新法が適用されるのであれば憲法上の問題はなく、改正前の

不動産取得等の行為に新法が適用される場合には違憲となると解される（中村芳昭＝三木義一編『演習ノート租税法〔第3版〕』〔法学書院、2013年〕10–11頁参照）。

3　委任立法の限界とは

　法律の委任とは、法律がその所管事項を定める権能を「命令」（一般に、「命令」とは、行政機関が制定する法形式を指し、具体的なものとしては政令・省令があげられる。「行政立法」の1つである）に委ねることをいう。憲法は、内閣に法律の規定を実施する限度で政令を制定する権能を付与しており、その委任の限度内で命令において法律事項も規定することができると定めている（憲法73条6号）。しかし委任は、法律による授権がただ存在するというだけではなく、個別具体的に限られた特別の事項について指定された場合のみで行われるものであり、その指定の範囲が一般的抽象的ないわゆる白紙委任は、立法権が国会に属するという憲法の原則（憲法41条から導き出される「唯一の立法機関」の原則）を崩すことになり許されないと解される。よってある委任が憲法の許容する委任の限界を超えるか否かは、当該規定のみならず当該法律の他の規定や法律全体の趣旨・目的の解釈を通じて、その委任を受けた行政機関を指導・制約すべき「目標・基準・考慮要素等」が合理的に導き出されるのかによって判断することとなる（その際に立法過程における議論等も考慮対象となる）。つまり、法律の委任は、本体となる法律に違反してはならないし、立法権を逸脱するような白紙委任は許されない。行政立法が委任の範囲を超えているか否かは、委任命令によって制限される権利・利益等の考慮は行ったうえで、委任の方法とその委任された内容が委任の趣旨に合致しているか否かが判断根拠となるということである（むろん、その事案ごとの個別的検証を通じて判断せざるを得ないものであり、一般的な基準は立てられず、ここでは判断要素を並べただけのものである）。

　以上は、一般的な法律による委任の範囲を問うものであるが、租税法の分野では、法律が命令に委任することは、憲法84条において課税要件法定主義を定めている以上、他の場合よりも特に最小限度にとどめるべきであるとされている。

Ⅳ 「答え」を導き出そう

1 租税法律主義は、どこまで及ぶのか

　租税法律主義は、課税要件および租税の賦課徴収について法律で明確に定められることを求めているが、それは課税関係における法的安定を保つためである。法的安定、つまりそれは最終的には国民の財産上の利害に帰着するものであって、租税法規の遡及適用の限界については、財産権の内容の事後の法律による変更の場合と同様の判断枠組みで判断されるものである。その判断枠組みとは、「法律でいつたん定められた財産権の内容を事後の法律で変更しても、それが公共の福祉に適合するようにされたものである限り、これをもつて違憲の立法ということができないことは明らかである。そして、右の変更が公共の福祉に適合するようにされたものであるかどうかは、いつたん定められた法律に基づく財産権の性質、その内容を変更する程度、及びこれを変更することによつて保護される公益の性質などを総合的に勘案し、その変更が当該財産権に対する合理的な制約として容認されるべきものであるかどうかによつて、判断すべきである」（最大判1978・7・12民集32巻５号946頁〔買収農地売払対価変更合憲判決〕）。本事例では、「ふるさと納税指定制度」で不指定になったことは、過去に遡って何らかの変更等の効果を受けるものではないし、国と地方自治体の間にそもそも財産権に基づく課税上の地位というものが想定しにくい。たしかに「控除の対象となる寄附金等を泉佐野市が受け取れる地位・利益」は存在しそうだが、それは各納税者（国民）が、泉佐野市を偶々選択した「事実上の利益」にすぎず、租税法律主義の問題としてはなりにくい側面がある。

2 後出しジャンケンは許されるのか

　しかしながら、権利義務の関係を国と地方自治体の間に想定しにくいからといっても、従前において合法だったものを、ふるさと納税制度の趣旨（ふるさとに貢献・応援したいという気持ちを実現すること）に反するという理由で、（泉佐野市の行動がアマゾンギフト券を配るという社会通念上「やり過ぎ」感があり、目に余るからといって）、改正後の規定によって評価するというのは、「後出しジャンケン」ではないのか。遡及立法が許されるか否かは、そのような改正がなされることが、当該法律の施行の開始前に十分対象者に予測できたかどうかに関わっているといえる。泉佐野市もふるさと納税制度から除外されるとわかっていたのなら、そのような目に余る振る舞い（過剰な返礼品を渡す）は行わ

なかったであろう。法律が施行される前の状況を考慮して、新しい制度の適用の有無を判断すること自体は、法の一般性の原則（「予測可能性の保障」）の観点から不適切なものと考えられる。

3 委任立法の限界を超えているのではないのか

　本事例の最高裁の判決は、法律による委任の限界を超えているのではないか、すなわち地方税法37条の2第2項および本件告示（上記IIの3）を解釈した結果、法律による行政立法への委任の限界を超えているのではないのかを専ら判断して、国の行為は違法と判断している（もちろん、本稿で触れる余裕はなかったが、関与の法定主義〔地方自治法245条の2〕に基づく国と地方自治体とは併立的協力関係にあるという理解が、最高裁判決の根幹にはある）。一般的には法律による行政の要請の観点から、国民の権利義務を制限する場合とに限らず、地方自治体と国との関係においても委任の限界は妥当するというべきであるから、地方税法37条の2第2項柱書きの「募集の適正な実施に係る基準」が何を委任していて、その基準を読み取ることができるか否かが問題となる。

　最高裁は、本事案において概要以下のように判断した。

①改正前は返礼品について定める法律上の規制は存在しなかった。

②改正以前から総務大臣からの助言・指導はあったが、平成31年総務省告示第179号は、改正以前からの助言・指導に従わなかったことを理由とする不利益な扱いをも定めていると評することもできる。

③本件指定制度の導入前にふるさと納税制度の趣旨に反する方法により寄附金の募集を行った地方自治体に対し、公平性の確保等の観点から、指定を受けられないようにするのであるのなら、その趣旨を踏まえた基準の策定を委任する授権が、地方税法37条の2第2項の規定等から明確に読み取れることを要するというべきである。

④地方税法37条の2第2項柱書きの「募集の適正な実施に係る基準」とは、指定対象期間における寄附金の募集の態様に係る基準であって、指定対象期間において寄附金の募集を適正に実施するか否かを判定するためのものであると解するのが自然であり、他の地方自治体との公平性を確保しその納得を得るという観点から、本件改正規定の施行前における募集実績自体をもって指定を受ける適格性を欠くものとすることを予定していると解するのは困難であり、同法の他の規定中にも、そのように解する根拠となる

べきものは存在しない、と判断される。

⑤改正法自体も過去に制度を歪めた地方自治体を対象外とすることを想定して提出されたことも窺えないし、国会等の審議過程も同様である。

⑥よって、本事例で問題となっている総務省告示第179号 2 条 3 号が、改正規定の施行前における寄附金の募集および受領について定める部分は、その部分に限り委任の範囲を逸脱した違法なものとして無効というべきである。

⑦アマゾンギフト券を交付していた泉佐野市は、社会通念上問題があると評価されてもやむを得ないが、改正後その行為を継続するか否かは、法改正によりはじめて返礼品に法律上基準が定められた以上、推定することはできない。

　以上から、本件告示を根拠として「ふるさと納税指定制度」から泉佐野市が除外されたのは、告示自体が法に反し改正以前のことを理由としており違法と評価されることとなった。本判決を受けて、泉佐野市はふるさと納税制度に復帰することとなった（上記本件告示 2 条 3 号は、本判決以後に削除された）。

4　「ふるさと納税」は制度として問題はないのか

　納税者としては、税金の負担は 1 円でも少ない方がよいし、ふるさと納税を行うことで、地方の名産物が手に入り、食卓が豊かになるのはたしかに喜ばしいことであろう。しかしよく考えてみると、そもそも「税金」の額が減るわけでなく、2000円自体は先に支払っている（返礼品を考えなければ2000円多く支払っていることになる）。これにポータルサイトが飛びついて「お得感」を出して納税者の歓心を買い、その状況の上に資金を集めたい地方自治体が乗っているのが、現状の「ふるさと納税制度」である。そもそも論として、ふるさと納税を行うことは、憲法92条の地方自治の本旨を構成する「住民自治」の観点からみて、本来の当該住居地の自治体の財政に貢献をしない点に大いに問題があるといえるのではないだろうか。受益関係のない地方自治体へ住民税の一部を移転することは、地方税の「応益原則」（受益する公共サーヴィスに対しそれ相応の負担をするという地方税の原則）を逸脱しているのではないのか。「ふるさと応援・支援」とはほど遠い自治体間の競争を煽っているだけではないのか。

　その他の問題点としては、個人住民税の特例分の控除の上限は、住民税の所得割額が基準となっている。実質2000円の負担で済む寄附金額の上限も、所

得の高い人ほど金額が高くなる。所得の低い人もふるさと納税を行うことができるが、それなりに手続に手間がかかることもあり、「お得感」が生じるのは、いわゆる高額所得者であるという点（寄附金額が多いほど、返礼品は高価なものになっていく傾向が強い）、またふるさと納税が、事実上「ネット通販状態」になっている現状から、ポータルサイトを運営する企業へ事実上税が移っている側面がある点、等があげられる。

　本判決によって泉佐野市と国との問題が解決したわけではなく、ふるさと納税で多額の収入を得たことを理由として、特別交付税を減額されたのは違法であると、泉佐野市が国に減額取消を求めた訴訟が新たに起こされ係争中である（2020年11月1日現在）。

　結局、返礼品が存在する以上、2000円を超える経済的利益が得られる限り返礼品目当ての納税者は後を絶たず、紛争の種が絶えることのない制度であるのが実態であると考える。本稿で取り上げたテーマを契機として、公平負担の観点から「税のあり様」に興味・関心を抱いていただければ幸いである。

［参考文献］
・日本税務研究センター編『憲法と租税法——日本国憲法施行70年記念（日税研論集77号）』（日本税務研究センター、2020年）所収の各論稿
・中原茂樹「ふるさと納税指定制度における不指定の違法性（大阪高判令和2・1・30）」法学教室476号（2020年）128頁、および、同「ふるさと納税指定制度における不指定の違法性（最高裁）」法学教室480号（2020年）114頁
・村西良太「退職一時金に付加して返還すべき利子の利率の定めを政令に委任する法律規定の合憲性」ジュリスト臨時増刊1505号（2017年）（平成28年度重要判例解説）10-11頁
・知原信良「再訪：ふるさと納税について」論究ジュリスト28号（2019年）194頁以下
・渡辺徹也「新しくなった『ふるさと納税』制度」法学教室470号（2019年）37頁以下

11

地方自治
──辺野古新基地建設をめぐる
沖縄県民投票

立命館大学教授
多田一路

Ⅰ｜報道によると

1　「県民投票　辺野古反対 7 割超　43万　玉城氏得票超え」
（毎日新聞、2019 年 2 月25日）

　米軍普天間飛行場（沖縄県宜野湾市）の名護市辺野古への移設を巡り、埋め立ての賛否を問う県民投票は24日に投開票され、3 択のうち「反対」が「賛成」や「どちらでもない」を大きく上回って 7 割超を占め、多数となった。県民投票条例に基づいて知事に投票結果の尊重義務を課す投票資格者総数（115万3591人、24日見込み）の 4 分の 1 も大幅に超え、玉城（たまき）デニー知事は近く、首相と米大統領に結果を通知する。（2 、3 面にクローズアップ、社会面に関連記事）

■ 投票率52・48%

　投票率は52・48%。反対票は昨年 9 月の知事選で玉城知事が獲得した過去最多の39万6632票を超え、埋め立てを強行する政府に強い民意を突きつける形となった。結果に法的拘束力はなく、政府は今後も移設工事を進める方針だが、玉城知事は反対多数の結果を受けて政府に移設計画の中止や見直しを迫る考えだ。

　沖縄で県民投票が実施されるのは、日米地位協定の見直しと米軍基地の整理・縮小の賛否が問われた1996年 9 月以来、2 回目。条例に基づく都道府県単位での実施例は他にない。96年の県民投票は投票率59・53%で、「賛成」が投票総数の89・09%だった。

　辺野古移設に反対する玉城知事を支える県政与党や企業、団体でつくる「オール沖縄」勢力は「圧倒的な民意を示す」として組織的な運動で「反対」の投票を呼び掛けた。一方、県政野党の自民や、中立会派の公明、維新は自主投票とした。

移設計画を巡っては、政府が昨年12月に米軍キャンプ・シュワブ南側の埋め立て予定海域に土砂を投入し、埋め立てを本格化させた。一方、東側海域では工事の障害となる軟弱地盤が確認され、政府は地盤改良工事を実施するための設計変更に今春にも着手するが、県は「工事には途方もない年数を要する」と反発。玉城知事から承認を得られる見通しは立っていない。【遠藤孝康、比嘉洋】

◇民意示された　玉城知事

　沖縄県の玉城デニー知事は25日未明、県庁で記者団の取材に応じ、「辺野古の埋め立てに絞った県民の民意が明確に示されたのは初めてで、極めて重要な意義がある」と強調。「辺野古の埋め立てを決して認めないという断固たる民意を政府は真正面から受け止めるべきだ。『辺野古が唯一』というこれまでの方針を直ちに見直し、工事を中止するよう強く求めていく」と語った。

2　「市民ら『民意　受け止めて』　辺野古　投票翌日も工事」
（毎日新聞、2019年2月25日）

　沖縄の民意を受け止めろ——。米軍普天間飛行場（沖縄県宜野湾市）の名護市辺野古への移設に伴う埋め立ての是非を問う県民投票から一夜明けた25日、辺野古では投票結果を無視するように土砂などを積んだダンプカーが次々とキャンプ・シュワブに入って行き、ゲート前に集まった市民ら約40人が「沖縄に向き合え」と怒りの声を上げた。

　午前9時前、ゲート前で同県読谷村（よみたんそん）の山内慶一さん（69）が「県民投票の結果は反対が圧倒した。安倍政権は潔く（工事から）撤退すべきだ」と声を張り上げると拍手が飛んだ。中には「新基地反対72％」と大きな見出しが載った沖縄の地元紙の1面を掲げ、県民投票の結果をアピールする市民の姿もあった。

　ところが、その約30分後には、辺野古の海を埋め立てるためダンプカーなど数十台の工事車両がゲート前に到着。市民らは「これだけの民意が示されたのに翌日から工事をして恥ずかしくないのか」と声を張り上げ、二重三重の人の壁を作ったが機動隊員に排除された。

　同県宜野座村の無職、仲村勝彦さん（76）は「翌日から工事に入るなんて、こんなばかなことはない。民意を踏みつぶす政治は許せない」。安倍晋三首相が25日朝、県民投票の結果を「真摯（しんし）に受け止める」と述べつつ、「これ以上、先送りすることはできない」として、改めて移設を進める考えを

表明したことについて、大宜味村（おおぎみそん）の建設業、福島皎裕（こうゆう）さん（68）は「怒りを通り越して悔しい気持ちだ」と声を震わせた。

　一方、沖縄平和運動センターの山城博治議長（66）が「不条理を沖縄に閉じ込める時代は過ぎた。沖縄の怒りを全国、世界に示そう」と呼びかけると、市民らは気持ちを入れ替えるように拳を振り上げた。【蓬田正志】

【関連条文】

憲法92条　地方公共団体の組織及び運営に関する事項は、地方自治の本旨に基いて、法律でこれを定める。

93条　地方公共団体には、法律の定めるところにより、その議事機関として議会を設置する。

2　地方公共団体の長、その議会の議員及び法律の定めるその他の吏員は、その地方公共団体の住民が、直接これを選挙する。

94条　地方公共団体は、その財産を管理し、事務を処理し、及び行政を執行する権能を有し、法律の範囲内で条例を制定することができる。

95条　一の地方公共団体のみに適用される特別法は、法律の定めるところにより、その地方公共団体の住民の投票においてその過半数の同意を得なければ、国会は、これを制定することができない。

Ⅱ │ 何が問題なのか

1　県民投票に至る経緯

　新聞記事に出てくる沖縄県民投票は、沖縄に集中して存在している在日米軍基地に関わる沖縄県民の長い長い運動と深く関連している。より直接的な背景は、同県名護市の辺野古地区に新しい米軍基地を建設する計画であった。

　1996年12月2日、沖縄に関する日米特別行動委員会（Special Action Committee on Okinawa〔以下、SACO という〕）が最終報告を出し、そのなかに、アメリカ海兵隊普天間飛行場用地の返還が盛り込まれていた。もちろん無条件返還などではなく、「十分な代替施設が完成し運用可能になった後」のことであり、その代替施設とは、「沖縄本島の東海岸沖に建設」される海上施設とされていた。

　これは沖縄における在日米軍の再編として位置づけられている。2013年4月には、「沖縄における在日米軍施設・区域に関する統合計画」が策定されており、そのなかで、普天間飛行場用地の返還条件として、「海兵隊飛行場関連施設等のキャンプ・シュワブへの移設」「海兵隊の航空部隊・司令部機能及び関連施設のキャンプ・シュワブへの移設」「普天間飛行場代替施設では確保されない長い滑走路を用いた活動のための緊急時における民間施設の使用の改善」が掲げられている。「キャンプ・シュワブ」とは、名護市にあるアメリカ海兵隊が使用している基地のことであるが、その東端にある岬が辺野古岬である。その辺野古岬の沖合に「海上施設」が建設されるのである。

　海上施設を作るためには、海の埋立てをしなければならない。海のような公有水面の埋立てについては、公有水面埋立法という法律があり、同法によると、国が埋立てをするときは、都道府県知事の承認が必要とされている（同法42条1項）。この承認を2013年に当時の沖縄県知事が与えていたが、その後別の県知事によってその承認が取り消され、さらにその承認取消処分を国土交通大臣が取り消す旨の裁決をするというように、海上に基地を作るための海の埋立てをめぐって、国と沖縄県との対立が生じていた。

　そのような中で、2017年に国は埋立てのために必要な工事を開始した。これに対し沖縄県では、辺野古新基地建設の賛否を問う県民投票を行うための条例制定請求（地方自治法74条以下）が行われ、これを受けて沖縄県議会が県民投票条例を制定した。

2　県民投票条例

　県民投票条例のタイトルは、正確には「辺野古米軍基地建設のための埋立ての賛否を問う県民投票条例」という。

　県民投票条例は、2018年10月に成立したが、翌年の 1 月に投票の方法について、埋立てに賛成か反対かの二者択一を、賛成、反対またはどちらでもないの三者択一にする方法に修正がなされた。そのほかの条例の概要は以下のとおりとなっている。

　投票の対象は、辺野古に計画されている米軍基地建設のための埋立て、であること（条例 1 条）。

　上記三者の選択の最多数票が投票資格者総数の 4 分の 1 に達したときは、県知事はその結果を尊重しなければならないこと、および、結果について内閣総理大臣とアメリカ合衆国大統領に速やかに通知すること（条例10条 2 項 3 項）。

3　県民投票の実施

　沖縄県民投票は、2019年 2 月24日に行われ、最終的には投票資格者総数115万3600人のうち、賛成11万4933人、反対43万4273人、どちらでもない 5 万2682人となり、反対票が三者のうちの最多数票でかつ投票資格者総数の 4 分の 1 に達した。これを受け、玉城デニー沖縄県知事は、安倍晋三内閣総理大臣とドナルド・トランプ米大統領に、この結果を通知した。

III　考えてみるには

1　地方自治の本旨をどう理解するか

　憲法は地方自治を保障する。言うまでもなく地方自治とは、地方政治については中央政府ではなく当該地方が治めるということである。92条では「地方自治の本旨に基づいて」地方公共団体の組織や運営に関する事項が定められねばならないとしている。この「地方自治の本旨」をどう理解するかによって、憲法がどれほど地方に自治を委ねているのか、の理解が変わってくる。つまり、地方が中央からどれほど自律しているのか、ということこそが憲法上は最も意味がある。

　この点、なにゆえに地方自治が保障されるのか、ということをめぐって、固有権説、伝来説（承認説）、制度的保障説などが、概説書の類いで紹介されている。

　固有権説は、地方自治を基本的人権と同様に前国家的・自然権的にとらえるものである。しかし、地方自治を担う地方公共団体もまた、1つの統治体であることは否定できないだろう。はたして、統治体を前国家的に捉えることが近代立憲主義のもとでできるのかという点、さらに、前国家的である統治体において個人の基本的人権保障はどう位置づけられるのかという点で、非常に大きな難点が存在する。

　伝来説は、地方自治もまた国の統治権に由来するものとして、国家による承認ないしは委任によって伝来する、とする説である。この説は結局、国の法律によって地方自治の内容をいかようにも改変しうるとするものであり、論理的には地方制度の存立それ自体も国家の承認の結果ということであるから、憲法が地方自治を明文をもって保障したことと深刻に矛盾する。このことから、伝来説をとる者はほとんどいない。

　以上から、制度的保障説が現在のところ通説となっている。制度的保障説とは、地方自治の保障というのは、「地方自治という歴史的・伝統的・理念的な公法上の制度を保障したものとみる立場」（成田頼明「地方自治の本旨」ジュリ増刊『憲法の争点〔新版〕』（1985年）244頁）である。この説によれば、地方自治制度の本質的部分ないし核心的部分は国の法律によっても侵すことができない。

　ただし、制度的保障説を前提にしたとしても、「地方自治という……制度」がどのような中身を持つものであるかは、一義的に帰結しえない。また、「歴史的・伝統的」な制度を参照するのであれば、それは明治憲法下の地方制度をも含めて参照することになってしまうから、憲法原理が根本的に変動したことをも踏まえて、地方自治の本旨は理解されねばならないだろう。

　したがって、結局、憲法の基本原理と全体構造に照らした理解（代表的論者として、杉原泰雄『地方自治の憲法論 「充実した地方自治」を求めて〔補訂版〕』（勁草書房、2008年）。これを「新固有権説」ないし「憲法伝来説」と呼ぶ見解（たとえば、市川・基本講義393頁）や、さらに、社会契約説を展開する見解（渋谷・憲法738頁）もある）がなされるべきであろう。憲法が国民主権主義を採用し、中央政府が主権者によるコントロールを受けるのであれば、地方政府も同様に住民によるコントロールを受けることになる。この場合において、当該地方政府が、他の地方政府や中央政府の介入を受けると、住民によるコントロールは効かなくなる。とすれば、先に述べたように、地方自治の本旨とは、まずもって中央政府からの強度の自律が保障された地方制度を含意することになろう。

　地方自治法１条の２が、その１項で地方公共団体の役割について「住民の福祉の増進を図ることを基本として、地域における行政を自主的かつ総合的に実施する」ものとし、２項で「住民に身近な行政はできる限り地方公共団体にゆだねることを基本と」して国の役割を全国レベルの役務に限定しようとしていることは、国と地方公共団体との関係において、地方公共団体が、国から自律していることや優先的に事務事業を行いうることを示唆している。

2　直接民主制と間接民主制

　地方自治の１つの要素として、住民自治をあげることができるが、憲法の基本原理に照らしてとらえるなら、中央政府における国民主権に相当するものとして理解されなければならない。地方の統治が住民の意思によって行われなければならないのは、このような脈絡によるのである。

　しかし、地方統治における民主制を、中央政府が具体的に採用しているそれとまったく同じものとして固定する必然性はない。そもそも憲法自身が、地方公共団体の「長」「法律の定めるその他の吏員」について、住民による直接選挙で選任されるべきことを定めて（93条２項）おり、執行機関について中央政府のように議会の互選の方法を採用していないところに、それが現れている。

　また、地方自治法94条は、町村について、議会に代えて「選挙権を有する者の総会」を置くことができると定めている。つまり地方自治法は、直接民主制が機能する可能性があるほど十分に小さい自治体で、有権者総会によって決する可能性を開いている。しかしこれは、憲法規定との関係では、93条１項で「議事機関として議会を設置する」と定められていることに矛盾しないか、問題になる。

　なお、憲法の想定する中央政府における民主制は、間接民主制であると理解されている。憲法前文が「日本国民は、正当に選挙された国会における代表者を通じて行動し」、としていることや、41条で国会が「国の唯一の立法機関」であるとしていること、51条が議員の職務行為について免責を定めていることなどがその理由とされている。

　この間接民主制が地方統治においても強制力を持ち、一切の直接民主制が許容されないとすると、地方自治法94条は憲法違反だということになるが、そのような見解はあまり見られない。同条にいう「選挙権を有する者の総会」もまた、憲法93条１項の「議会」に含まれるという理解（佐藤・憲法論602頁）も可能であるし、「民主主義の要諦」が「決定の正統性の被治者からの獲得にあ」

るとすると、「被治者本人がその意思を直接的に表示できる会議を置くことは、何ら民主主義の原理に反しない」（新基本法コメ483-484頁〔渋谷秀樹〕）といえる。地方自治法94条が憲法違反でないなら、憲法は、少なくとも地方統治について直接民主制を許容していると理解することにならざるをえない。

　住民（または有権者）による直接の決定を直接民主制と呼ぶなら、町村総会だけではなく、住民投票による決定も直接民主制にあたることになる。上記のように憲法が地方統治について直接民主制を禁じていないのなら、原則として住民投票による決定も憲法は禁じていないことになろう。

　なお、住民投票による決定は直接民主制と理解すべきではない、との見解（渋谷・憲法753頁）もあるが、これは、講学上の「直接制」と「半直接制」とを区別した上で、前者のみを直接民主制と理解する立場だと思われる（参考、井口秀作「諮問的レファレンダムの可能性」辻村みよ子＝長谷部恭男編『憲法理論の再創造』〔日本評論社、2011年〕478-480頁）。

3　住民投票と直接民主制

　地方公共団体における住民投票は、憲法95条のいわゆる地方自治特別法の制定のための住民投票を除くと、地方自治法上の住民投票としては、議会の解散と、長または議員の解職（いわゆるリコール）のためのものが定められている（地方自治法76条以下）（このほか、市町村の合併や特別区の設置など、地方公共団体の範囲そのものの変更の場合に、「市町村の合併の特例に関する法律」や「大都市地域における特別区の設置に関する法律」において、住民投票が定められている。後者に基づき2020年11月1日に実施されたのが、いわゆる大阪都構想に関する住民投票である）。

　なおここで、議会の解散やリコールのための住民投票を、直接民主制の1つであると即断していいかは問題である。というのも、リコールはあくまで代表者選任の裏面に過ぎず、住民はその投票を通じて何らかの政策について判断ないし決定しているわけではないからである。

　このように考えれば、直接民主制とは何か、その定義が改めて問題になろう。直接民主制を「代表者を媒介することなく直接に立法その他の統治作用に参加する制度」（有斐閣法律用語辞典）だと理解するなら、住民が直接的に決定する契機を持たなければ直接民主制とは言えないであろう。代表議会による決定のシステムを間接民主制であるとするなら、リコールの制度それ自体は直接民主制とは言い切れない。

　しかし、リコールは、住民自身が決定そのものには直接関わらないにしても、代表者を統制する効果を持つ。リコールの制度があると代表者は、選任された後に選任母体の意思に従って活動する（命令的委任）ようになるであろう。言い換えれば、その活動は選任母体たる住民の意思が強く反映することになろう。この点、住民の意思の反映を基準に、直接民主制と間接民主制を分ける見方もできる。この見方の場合には、リコールのための投票もまた、直接民主制ととらえることになるから、畢竟、この立場ではあらゆる投票が直接民主制の表れとなる（ただし、選挙の際の投票だけは除いて理解される）。

　このように、直接民主制と言っても、厳密に見れば区別しなければならない異なるものが混在している。冒頭の新聞記事にあるのは、特定の政策について住民自身が直接的に決定するタイプの、本来的な直接民主制と言える。

4　条例に基づく住民投票

　住民自身が何かを直接決定ないし判断するという意味での直接民主制の制度は、地方自治法にも定められてはいない。つまり、そのような意味で行われる住民投票は、それぞれの地方公共団体が独自に条例を定めることによって行われてきたのである。

　地方公共団体の独自の条例に基づいて何らかの政策判断をなす住民投票が実際に行われた最初の例は、1996年に新潟県巻町（現在は2005年の合併により新潟市の一部）で行われた原子力発電所の建設の賛否を問う住民投票である。巻町の住民投票条例では、「町長は、……有効投票の賛否いずれか過半数の意思を尊重しなければならない」（条例3条2項）と定められており、投票の結果、反対票が過半数となった。

　このような住民投票条例については、憲法もその他の法律も、明示的な制限を設けていない。そのため、投票権者の範囲、投票にかかる具体的な事務作業、投票運動の内容・方法（具体的に賛成又は反対の投票を促すような行為だけでなく、新聞・雑誌・テレビ・インターネットなどの媒体における広告も含めて）や期間、住民投票の成立要件、投票結果の法的拘束力などを、当該条例で決めることになる。

　また、当然、住民投票の対象についても、条例で決めることになるが、これについては、巻町でなされたような個別案件ごとに条例が制定されて住民投票が行われる個別案件型と、一般的な住民投票条例を定めておき、同条例に定める要件が満たされた場合に住民投票が行われる常設型とに大別できよう。近年

は常設型の住民投票条例を持つ地方公共団体も増えている。

　個別案件型の住民投票条例の場合、住民のイニシアチブによって条例制定に至る例が少なからずある。新聞記事にある沖縄県民投票もその1つである。

　2019年の沖縄県民投票のための条例は、[何が問題なのか]でも示したように、地方自治法74条以下に基づく住民による条例制定請求手続を経て制定されている。条例の制定は、議会の議決によるため、通常は、定数の12分の1以上の賛成で議員が議案を提出（地方自治法112条1項2項）するか、または長が議案を提出（地方自治法149条1号）することになる。これに加えて、住民が条例の制定を請求することもできるようになっているのである。

　具体的には、有権者「総数の50分の1以上の者の連署」により条例制定の請求を地方公共団体の長に対してなすことができる（地方自治法74条1項）。これに対して、長は、「請求を受理した日から20日以内に議会を招集し、意見を付けてこれを議会に付議し」なければならない（同条3項）。

　念のために確認しておくと、地方自治法74条に基づく条例の制定の請求は、長に対してなすものであって議会に対してなすものではない。また、長は議会を招集し請求を受けた案件を「付議」する義務があるから、当然に議会は開かれるが、議会が請求通りに議決するとは限らない。請求したのが住民投票条例であっても同じであり、必ず議会が住民投票条例を制定してくれるとは限らない。

　常設型の住民投票条例が存在しない場合の住民投票は、議会による議決といった通常の対応では住民が不満であったりするような場合になされることが通例であるから、住民の側から提起されるポテンシャルを持っている。したがって、そのような場合には、上述したような条例制定請求の手続きをとって住民のイニシアチブにより住民投票条例を議会に制定させるような運動（条例制定請求の署名活動）が先行する。このような場合の住民投票は、先行する条例制定請求署名活動から連続して行われる一連の市民運動の一環としての性格も持つことになるであろう。

　常設型の住民投票条例の場合は、住民投票に付される案件やそのための要件を、あらかじめ条例自身が定めているが、住民のイニシアチブによるものだけでなく、長に住民投票を発議する権限を与えている条例が多い。

5　住民投票の法的拘束力

　住民投票の結果がどのような法的拘束力を持つのかは、地方公共団体の統治

において直接民主制が憲法上禁止されているのか否か、という観点からは、重要な問題となる。学説の多くは、既述のものを除いて地方自治法が住民投票に関する規定をもっていないうえに、議会の権限や長の権限を定めていることから、法的拘束力を持つ住民投票はこれと抵触する可能性があるために、諮問的なもののみが許されると解しているようである（野中ほか・憲法Ⅱ390–391頁）。また、下級裁判所でも、1997年12月21日に行われた沖縄県名護市の住民投票について、「仮に、住民投票の結果に法的拘束力を肯定すると、間接民主制によって市政を執行しようとする現行法の制度原理と整合しない結果を招来することにもなりかねない」から、「賛否いずれか過半数の意思に従うべき法的義務があるとまで解することはでき」ない、と判示したものがある（那覇地判2000・5・9判時1746号122頁）。

　ただ、以上の学説・裁判例は、地方自治法の仕組みを根拠にしたものであるから、「法律で住民投票を制度化するのであれば、……憲法上の疑義は緩和されうる」（本ほか・憲法講義256頁〔植松健一〕。なお、松井幸夫「住民投票」ジュリ増刊『憲法の争点』（2008年）321頁、市川・基本講義397頁。他方、条例によるそれを追求する議論（杉原前掲書240頁以下）もある。また、佐藤・憲法論611頁は、「制度内容や実施方法に余程の工夫」があれば、拘束力を認める余地があるという趣旨であろう）とも言えよう。

6　住民投票がもつ落とし穴……プレビシット、世論操作

　以上のような住民投票は、すでに述べたように直接民主制の 1 つと言えるが、その使い方によっては、前項で述べた住民自身のイニシアチブとは逆に作動する場合もある。カリスマ的権力者が自己の権力の正統性を調達する目的で行うような場合である。住民投票の実施を長が発案するような場合に、このような状況が生じやすいが、そのような住民投票については、プレビシット（フランスでしばしばボナパルティズムと組み合わせて理解され、独裁体制に対する国民の支持を調達する目的を持つ投票のイメージで使用された用語。Michel de Villiers, *Dictionnaire du droit constitutionnel*, 5°éd., Armand Colin, 2005, p. 176）と呼ばれ警戒される。

　また、世論操作の危険が指摘されることもある。最近でも、イギリスのBrexit をめぐる国民投票や、2016年のアメリカ大統領選挙などで、真偽不明の情報（いわゆるフェイクニュース）が投票動向に影響を与えた可能性が指摘されている。

Ⅳ 「答え」を導き出そう

　以上のように、学説においては、裁可型・決定型の住民投票は憲法上困難である一方、諮問型の住民投票は認められるとするのが趨勢である。

　新聞記事の沖縄県民投票は、常設型の住民投票条例の適用ではなく、辺野古に計画されている米軍基地建設のための埋立てへの賛否を問うという個別案件のために特別に制定された条例により実施された。また、法的拘束力という点から見ると、投票結果により沖縄県知事に義務づけられていたのは、内閣総理大臣とアメリカ大統領に速やかに通知することにすぎない。それ以外に具体的な義務は課されておらず、ただ「結果を尊重」するという抽象的な義務のみ課されている。これは、決定・裁可型というより、諮問型というべきであろう。ただ、米軍基地建設のための埋立て工事は、国の事業としてなされており、事業主体が沖縄県ではないという投票対象の性質上、諮問型にならざるをえないという側面もある。

　そもそも住民投票条例が決定・裁可型ではなく、また沖縄県の条例に基づいて実施されたものであるから、国が拘束されることも法的にはありえない。そうすると、県民投票において県民の多数が埋立て工事に反対しているという意思が示されたとしても、国が対応を変えなければならない法的義務は発生しない。先に見たように、国はもともとこの工事の事業主体であるから、よほど地方自治を尊重し民主政を大事にするような姿勢を持っていない限りは、埋立て工事は進んでしまうことになる。そして実際にも工事は進められた。それでは、住民投票にはまったく意味がないのだろうか？

　このとき、憲法の問題について、具体的な法的結果・結論（つまり法律効果）だけに意味がある、という立場に立てば、意味がないことになる。しかしこの立場は、結局、決定・裁可型の住民投票でなければ意味がないと言っているのと同じである。諮問型の住民投票は憲法上許容される、という立場は、諮問型の住民投票にも何らかの意味があることを認めているはずであり、そうでなければ「憲法上許容される」と主張すること自体に意味がなくなるであろう。

　決定・裁可型でなくても、住民による意思表示の結果、多数の意思が明らかになることにより、まったく何もない状態と比べれば何らかの政治的なプレッシャーが政治アクターに働くはずであり（倫理的な拘束力）、政治アクターの方は住民意思を念頭に置いて活動することが望ましい。このような政治的効果もまた憲法学の領分たり得るはずである。

　こう考えると、住民投票の対象が当該地方公共団体の事務事業ではなく、国のそれであった場合であっても、国のその事業が当該地方公共団体の統治に重大な影響を及ぼすものであれば、その住民投票がまったく意味を持たないと言い切ることはできないだろう。住民投票によって住民意思を示すことができれば、たとえ裁可型・決定型の住民投票が不可能でその意思に法的拘束力を持たせることができないとしても、国の政策がその住民意思に沿うものであるのかそれともその住民意思を無視するものであるのか、を明らかにすることができる。このときに、住民意思を無視しても何も問題がない、という立場は、およそ「地方自治の本旨」に矛盾する立場と言わざるをえないであろう。

[参考文献]
・松井幸夫「住民投票」大石眞＝石川健治編『憲法の争点』（2008年）320頁
・杉原泰雄『地方自治の憲法論──「充実した地方自治」を求めて〔補訂版〕』（勁草書房、2008年）
・大津浩編著『地方自治の憲法理論の新展開』（敬文堂、2011年）
・榊原秀訓『地方自治の危機と法』（自治体研究社、2016年）
・多田一路「沖縄県民投票と大阪都構想住民投票からみる住民投票の民主政的意味」立命館法学393・394号（2021年）

Part IV
原理に関する
3つのケース

12 平和
——安保法制違憲訴訟と憲法平和主義の再構築

立命館大学教授
君島東彦

I 報道によると

「政治の領域 踏み込まない司法　安保法違憲訴訟、憲法判断せず棄却」
（朝日新聞、2019年11月26日）

■ 憲法を考える　視点・論点・注目点

　集団的自衛権の行使を認めた安全保障関連法が憲法に違反するかが争われた訴訟の判決で、東京地裁は、憲法判断をせずに原告の請求を棄却した。＝11月8日付朝刊から

■ 国民の懸念よそに「権利の侵害ない」

　安保法は2015年に成立した。それまでの憲法解釈を変え、集団的自衛権の行使を認めたほか、米軍への後方支援の内容も広げた。成立前の衆院憲法審査会では、自民推薦を含めた3人の憲法学者がいずれも「違憲」と指摘した。

　こうしたことを受け、空襲経験者や憲法学者、自衛隊基地の周辺住民が16年、東京地裁に提訴した。原告は約1550人。

　原告側は、安保法によって他国が攻撃された場合まで自衛隊が出動することになるとし、「武力行使は、わが国に対する武力攻撃が発生し、必要最小限度で行われる場合のみ許される」などとした9条解釈を覆すもので、憲法違反だと訴えた。

　また安保法によって戦争に巻き込まれる可能性が飛躍的に高まり、憲法がうたう「平和的生存権」が侵害されたと主張した。憲法前文の《われらは、全世界の国民が、ひとしく恐怖と欠乏から免（まぬ）かれ、平和のうちに生存する権利を有することを確認する》という部分が根拠だ。幸福追求権を定めた憲法13条などに反して、人格権が侵害されるとも訴えた。

　憲法改正・決定権が侵害されたとも述べた。憲法96条が定める改憲手続きを経ずに、政府が集団的自衛権の行使を認めたため、「憲法改正について意思

表示する権利を奪われた」という理由だ。

〈原告側「救済を放棄」〉　7日の判決は、いずれの主張も退けた。前沢達朗裁判長はまず、「平和は抽象的な概念で、個人の思想や信条によって多様なとらえ方ができる」とした。そのうえで平和的生存権は、裁判の対象となるような具体的な権利とはいえないと判断した。

人格権についても訴えを退けた。安倍晋三政権は、14年 7 月の閣議決定で「国際テロなどの脅威によりアジア太平洋地域に緊張が生み出されている」などと安保法が必要な理由を説明したが、訴訟で国側は、戦争に巻き込まれる恐れが高まるといった原告の訴えについて「漠然とした不安の域を出ない」と反論。判決もこの姿勢を踏襲し、「日本が武力攻撃の対象とされているとは認められず、客観的に戦争などの恐れが切迫したとは認めがたい」とした。96条についても「権利を保障する趣旨の条項ではない」と退けた。

原告側弁護団は、判決後の会見で「これでは、現実に戦争が始まらなければ『権利が侵害された』と認められない。救済を放棄している」と司法の姿勢を批判した。

〈元長官「違憲」と証言〉　安保法をめぐる違憲訴訟は、東京を皮切りに全国 22 の地裁や支部で25件起こされ、各地の原告は7700人にのぼる。

判決が言い渡されたのは、4 月の札幌地裁での「原告敗訴」に続いて今回が 2 件目だ。いずれも原告側は控訴した。残る各地も山場を迎えており、原告側によると「来年は判決の年になる」という。大阪地裁では 1 月に判決が言い渡される予定だ。前橋地裁と横浜地裁での証人尋問では、元内閣法制局長官の宮崎礼壹氏が「安保法は違憲」と証言した。原告らは「違憲判決を」と期待をかける。

ただ、そのハードルは高い。

日本の裁判所は、「権利が侵害された」などと訴えが起こされてから初めて、制度や行為が憲法違反かどうかを審査する「付随的違憲審査制」をとっている。そして訴えを起こしても、憲法判断をくだすのは訴訟の解決に必要な場合に限るというのが裁判所の考えだ。

札幌でも東京でも原告は違憲の判断を求めたが、裁判所は、具体的な権利侵害がなく、憲法判断をするまでもないとして、いわば門前払いした。

自衛隊と憲法 9 条をめぐっては、1973年に札幌地裁が自衛隊を違憲とする判決を出したことがある。自衛隊ミサイル基地建設で、農林大臣が保安林指定を解除したとして処分取り消しを求めた「長沼ナイキ」訴訟だ。しかし上級審

が覆した。08年には、自衛隊のイラク派遣について名古屋高裁が空輸活動を違憲と判断。ただし裁判そのものは国が勝訴した。

　安保法については、成立前にさまざまな分野から反対の声があがった。憲法学者が声明を出し、国会周辺ではかつてない規模で市民らの抗議活動が起きた。そうした批判に、安倍首相は「（安保法が）違憲立法かどうかも含めて、最終的な判断は最高裁判所が行う」と衆院の特別委員会で述べた。衆参での採決は強行された。

　立法府や国民の懸念を押し切って行政府が進むとき、歯止めとなりうるのはどこか。

　最高裁は、自衛隊の合憲性について判断をしたことが、これまで一度もない。
（新屋絵理）

【関連条文】

1946年日本国憲法前文　日本国民は……平和を愛する諸国民の公正と信義に信頼して、われらの安全と生存を保持しようと決意した。われらは、平和を維持し、専制と隷従、圧迫と偏狭を地上から永遠に除去しようと努めてゐる国際社会において、名誉ある地位を占めたいと思ふ。われらは、全世界の国民が、ひとしく恐怖と欠乏から免かれ、平和のうちに生存する権利を有することを確認する。

9条　日本国民は、正義と秩序を基調とする国際平和を誠実に希求し、国権の発動たる戦争と、武力による威嚇又は武力の行使は、国際紛争を解決する手段としては、永久にこれを放棄する。

2　前項の目的を達するため、陸海空軍その他の戦力は、これを保持しない。国の交戦権は、これを認めない。

1960年日米安保条約（1951年日米安保条約が改定されたもの）5条　各締約国は、日本国の施政の下にある領域における、いずれ一方に対する武力攻撃が、自国の平和及び安全を危うくするものであることを認め、自国の憲法上の規定及び手続に従つて共通の危険に対処するように行動することを宣言する。……

6条　日本国の安全に寄与し、並びに極東における国際の平和及び安全の維持に寄与するため、アメリカ合衆国は、その陸軍、空軍及び海軍が日本国において施設及び区域を使用することを許される。……

Ⅱ　何が問題なのか

1　憲法平和主義の問題を根源的・構造的に把握する

　本件は、2015年のいわゆる安保法制が憲法 9 条に違反するとして東京地裁に提起された訴訟について、2019年11月 7 日、東京地裁が憲法判断をせずに請求を棄却したものである。同旨の訴訟が全国22の地裁に提起されており、これまでに出された判決はすべて憲法判断をせずに請求棄却となっている。

　我々は本件をどのように考えたらよいのだろうか。筆者はこの問題をできるだけ根源的・構造的にとらえたいと思う。紙数の制約のため、本稿の主張を根拠づける説明が不十分となり、結論だけを断定的に述べるスタイルになってしまうが、読者のご理解・ご海容をお願いしたい。日本国憲法の平和主義の問題には、対症療法的な対応だけでは決して出口はないのであり、根源的・構造的に問題を把握したうえで、問題解決のための根源的・構造的アプローチを考えることが必要である。本章は、憲法解釈論というよりも、憲法現象の社会科学的認識および憲法政策論というべきものである。平和主義については、本章のような考察が憲法問題のソリューションであると筆者は考える。

2　9 条は「共同の安全保障の枠組み」を必要とする

　連合国軍の占領下で制定された日本国憲法 9 条の原意は、日本軍の武装解除、日本非武装であり、日本の軍事的主権の制約であった。軍事的主権を制約した国家は、その安全の確保のために、なんらかの「共同の安全保障の枠組み」を必要とする。日本国憲法が想定した「共同の安全保障の枠組み」は、United Nations＝連合国＝国際連合の集団安全保障であった。1946年憲法前文の「平和を愛する諸国民の公正と信義に信頼して、われらの安全と生存を保持しようと決意した」という部分がそのことを示している。しかし連合国の分裂・対立＝冷戦によって国連の集団安全保障は機能せず、それ以外の方法を追求する必要が生じた。

　他方で、覇権国・米国がつくった戦後世界秩序（パックス・アメリカーナ）において、在日米軍基地は必要不可欠であり、日本を独立させた後もそれを使用し続ける必要があった。このような文脈で、朝鮮戦争只中の1951年に、日本は西側連合国との平和条約と米国との安保条約を締結して、1952年に連合国による占領を終えた。これによって日本は、米国の軍事的覇権を補完する役割を与えられ、米国を中心とする西側同盟に組み込まれた。軍事的主権の制約

（9条）が必要とする「共同の安全保障の枠組み」は、国連の集団安全保障ではなく、日米安保体制となったのである。

3　戦後日本の国家構造・憲法現象を社会科学的に認識すると

　憲法には通常、軍事力、武力行使、防衛を規制する条項が含まれており、それらは関連する諸法律、諸条約とともに「安全保障憲法（national security constitution）」「防衛憲法（Wehrverfassung）」と呼ばれている。戦後日本憲法の「安全保障憲法」（むしろ「平和法」〔peace constitution〕）は前文と9条であり、日本の軍事的主権の制約とセットになる法規範は、米軍の日本駐留を規定する日米安保条約であろう。

　憲法学者・長谷川正安は1957–61年の時期に「2つの法体系」という見方——戦後日本には憲法9条に基づく法体系と安保条約に基づく法体系の2つの法体系が相互に矛盾しつつ存在している——を提唱したが、その的確さ、説得力は、60年経ったいま、ますます高まっているというべきであろう。「2つの法体系」論の的確さを再確認したうえで、本稿はもう少し踏み込みたい。

　多くの憲法教科書が述べているように、戦後日本憲法の法源には、1946年日本国憲法に加えて、諸法律、諸条約とともに、日米安保条約が含まれている。そうであるならば、長谷川のいう憲法体系と安保法体系の両方を合わせて戦後日本の憲法＝国家構造（constitution）としてとらえ、両方を合わせて憲法現象として認識する方が社会科学的認識として妥当ではないか。1946年日本国憲法だけを constitution として見るのでは、不十分である。もちろん憲法解釈論においては、安保に対する憲法の優位を徹底させる憲法解釈の提示が必要であるが、戦後日本の constitution の認識としては、憲法と安保を合わせて constitution として認識する必要性を痛感する。

　米軍の主導の下で、1950年朝鮮戦争勃発後に始まり、憲法9条を改正することなく、これまで営々と行われてきた日本再軍備、自衛隊の増強、米軍と自衛隊の協力・一体化は、基本的には米国の軍事的覇権を補完するものである。日本が米国の覇権を補完する重要な役割を果たしているので、それゆえに日米安保体制のもとで「日本が守られる」という関係にある。

　戦後日本の憲法＝国家構造（constitution）においては、〈前文・9条〉の側面（非武装日本の安全は国際的共同的な枠組みの中で確保する。武力依存を極小化して平和・安全を追求する）と、〈日米安保・自衛隊〉の側面（自衛隊が米軍の覇権を補完し、米国の覇権的秩序の中で日本の安全を確保する。自衛隊の専守防衛と米軍

の核攻撃力はセットであり、自衛隊は自己完結しない）の２つの側面が、互いに矛盾・対立しつつ存在してきたが、これまで一貫して〈日米安保・自衛隊〉が〈前文・9条〉を侵食してきたといえよう。

4　集団的自衛権行使解禁をどう見るか

　2015年安保法制の論点の１つ、集団的自衛権行使解禁については、長年、内閣法制局（行使認めず）と外務省（行使解禁を主張。日米安保の守護者）との間で確執があったが、集団的自衛権行使解禁のために、安倍首相が2013年８月、それまでの慣行を破って外務省の小松一郎を内閣法制局長官に任命したことは、改めて〈日米安保・自衛隊〉が〈前文・9条〉に優位した象徴的な瞬間であっただろう。

　2015年の安保法制は、これまで長らく自己抑制してきた集団的自衛権行使の解禁を含めて、自衛隊による米軍への支援活動の範囲、国際平和支援における自衛隊の活動範囲をさらに拡大した。自衛隊の活動範囲の拡大（周辺事態における米軍の後方支援、ペルシャ湾への派遣、イラクへの派遣等）は、常に米軍の要求に応えるものであり、それらを実現するために法律制定、憲法解釈の変更を行ってきたが、集団的自衛権行使解禁に至って、憲法解釈変更の限界を超えたというべきであろう。日本が武力攻撃を受けた際の正当防衛的対応として自衛隊の存在と武力行使を正当化するのが9条解釈の基本であったから、日本ではなくて他国が武力攻撃を受けた際の自衛隊の武力行使を正当化するのは無理がある。集団的自衛権行使解禁は、もちろん米国の軍事的覇権を補完する役割を果たす。

5　〈前文・9条〉を実現するために

　安保法制違憲訴訟のような市民の行動の根源にある問題意識は、「〈日米安保・自衛隊〉の侵食を抑えて〈前文・9条〉を実現したい」ということではないかと筆者は考える。憲法訴訟の提起は「問題意識の表現」の１つであるが、その問題意識を実現するためには憲法訴訟の提起以外にも多くの方法がある。いまの世界秩序、日米の政治権力の構造をリアルに認識したうえで、〈前文・9条〉を実現するために、どのようなアプローチをとるか、以下考えていきたい。

Ⅲ 考えてみるには

1 憲法 9 条訴訟の意義と困難

　本件は、2015年安保法制の制定という違憲・違法の行為によって平和的生存権、人格権、憲法改正・決定権を侵害され、損害を被ったと主張する多様な市民が、国家賠償法に基づいて、国に対して 1 人あたり10万円の損害賠償を求めた事件である。国家賠償請求訴訟は、差止訴訟とともに、自衛隊海外派遣の政策（湾岸戦争、カンボジア PKO、イラク派遣等）は 9 条に違反するという司法的判断を得るために、市民によって活用されてきた訴訟形態である。

　このように、戦後日本憲法のもとでは、9 条の非軍事平和主義と81条の附随的違憲審査制が組み合わされて、市民が主体的に平和問題を憲法 9 条訴訟として構成し、裁判を 1 つのフォーラムとして憲法平和主義を明らかにしていく実践がなされてきた。このことの意義は大きいだろう。

　しかし同時に、憲法 9 条訴訟は困難をかかえている。憲法 9 条訴訟で裁判所はトリレンマに直面する。すなわち、9 条訴訟における裁判所は、①個人の権利利益侵害の救済機関、②憲法規範を統制する憲法保障機関、③国家安全保障政策を判断するには適さない機関、という互いに緊張関係に立つ 3 つの性格を持っており、これらの緊張関係の中で判断を迫られるのである。憲法保障機関という側面を強調するならば、裁判所には積極的な違憲判断が期待されるが、個人の権利利益の侵害を裁判官に対して説得的に示せない場合、裁判官の独立とは正反対の司法官僚制が支配する日本の裁判所で、憲法判断に踏み込める裁判官は多くない。裁判所が憲法判断を回避すると、〈日米安保・自衛隊〉を〈前文・9 条〉に優位させる内閣・国会多数派の判断が維持されることになる。

2 「安保村」という日米の権力複合体

　1959年12月、砂川事件最高裁判決が、安保条約の合憲性の判断は内閣・国会の高度の政治的ないし自由裁量的判断に委ねられるべきであり、一見きわめて明白に違憲無効であると認められない限りは、裁判所の司法審査権の範囲外にある、と述べて以来、日米安保条約は憲法 9 条に違反しないという内閣・国会の判断が維持されてきた。冷徹な認識としては、日本の国会多数派・内閣・最高裁は〈日米安保・自衛隊〉を〈前文・9 条〉に優越させているということである。

　砂川事件については、2008年以降、ジャーナリストの新原昭治、末浪靖司らが米国公文書館で、在東京米国大使館から米国務長官に宛てた電文を発見し、それらの電文によって、米国のマッカーサー２世駐日大使と藤山外務大臣、田中最高裁長官らが、駐留米軍は９条に違反すると判断した東京地裁判決を覆すために、綿密な秘密協議をしていたことが明らかになっている。1946年憲法の下で、最高裁は立憲的統制の最も重要な担い手のはずであるが、最高裁の立憲的統制は日米安保体制には及んでいないのである。1971年からほぼ切れ目なく、駐米大使、外務事務次官、条約局長等をつとめた元外交官が、最高裁裁判官に任命されている。日米安保の守護者である外務省の立場が最高裁の中に位置を占めているといわざるを得ないのではないか。

　長谷川正安にならって、戦後日本の国家構造（constitution）に鋭利な分析のメスを入れるならば、ワシントンと東京をつなぐ権力複合体の存在を抉り出すことができるだろう。豊下楢彦はこれを原子力村にならって安保村と呼んだ。ワシントンと東京の外務・防衛官僚のつながりをコアとして、日米を横断する政治家、財界、メディア、アカデミア、司法がつくる「鉄の六角形」である。日本の最高裁もこの一角を占めるというべきであろう。2000年、2007年、2012年、2018年、2020年と５次にわたって発表されてきたアーミテージ・ナイ報告書は、安保村の基本文書である。安保村の学者・知識人、ジャーナリスト、メディアによる「同意の作出」によって、日米安保への世論の支持は高く、日米安保のオルタナティブの追求はひたすら微弱になっている。

3　改めて憲法９条訴訟の意義を考える

　かつて憲法９条訴訟の原告ないし被告は、土地に根ざした農民が多かった。1990年代以降、自衛隊の海外派遣の９条適合性を争った訴訟においては、平和的生存権を侵害されたと主張する多様な一般市民が原告となることが多くなった。本件、安保法制違憲訴訟もそうである。戦争体験者、基地周辺住民、公共交通機関の労働者、原発技術者、退職自衛官、障がい者、ジャーナリスト、教育者、研究者、宗教者、若者等々の多様な市民が原告となり、安保法制違憲訴訟を提起している。全国22の地裁に提起された訴訟の原告総数は、約7,700人である。筆者は、広汎な市民が憲法９条訴訟の原告となること自体に大きな意義があると考えている。

　憲法９条の成立については、その外発性・他律性と内発性・自律性が一貫して争点となってきた。筆者は、日本国民の内発性・自律性は、1945–46年の

時点で発揮されたというよりも、徐々に「遅れて」発揮されたと考える。日本国民は、1946年憲法の制定後、徐々に時間をかけて——とりわけ朝鮮戦争、ベトナム戦争、湾岸戦争、イラク戦争等への日本の関与を契機として——9条を内面化していったと筆者は考えるが、9条の内面化にとって、9条訴訟の原告になること、あるいは9条訴訟を支援することは、決定的な経験・契機であっただろう。筆者は、日本国民が9条を内面化する契機として9条訴訟に意義があると考えるのである。

　市民らが政府の軍事行動・軍事化政策を阻止するために憲法訴訟を提起するという実践は、日本だけではなくて、様々な諸国で見られるものである。米国においても、ベトナム戦争、中米への軍事介入、湾岸戦争、コソボ紛争、イラク戦争等の米軍の武力行使のたびに、憲法違反——連邦議会の戦争権限の侵害——として訴訟が提起されてきた。これらの訴訟は、原告適格、成熟性等の訴訟要件を満たしていない、あるいは政治問題である等の理由づけで、訴えが却下されているが、米軍の武力行使を違憲として訴える憲法訴訟が提起され続けてきたことは重要である。これらの訴訟にかかわってきた法学者のジュールズ・ロベル（Jules Lobel）は、これらの敗訴になった訴訟の意義を「勝利なき成功（success without victory）」と表現している。訴訟としては敗訴しても、それらの訴訟が米国の平和運動全体を活性化し、支援しているところに意義があるのである。このことは日本の憲法9条訴訟にも言えることである。筆者は安保法制違憲訴訟にもそのような意義があると考える。

Ⅳ 「答え」を導き出そう

1　東アジア平和秩序なしには9条は生きない

　以上見てきたように、憲法9条訴訟には大きな意義があるが、司法過程だけでは〈前文・9条〉の実現——〈日米安保・自衛隊〉の役割の縮減、それに代わる制度の創出——はできない。9条訴訟とともに多様な取り組み——政治過程および市民社会における取組み——が必要である。我々は、戦後日本憲法の原点に立ち返ったうえで、〈日米安保・自衛隊〉の役割を縮減し〈前文・9条〉を実現する方策を考えて、それらの実現に努力する必要があるだろう。

　1946年日本国憲法制定の目的は、日本帝国主義の解体・克服である。1946年憲法体制が、ポツダム宣言第8項の植民地放棄を前提として、対外侵略をもたらした日本軍の武装解除（9条）、全体主義的政治体制の変革（天皇の神格

否定、人権と民主主義の保障）を目指していたのは明白である。日本帝国主義の解体・克服のためには、天皇制の除去に進むべきであったが、米国を覇権国とする帝国的秩序（パックス・アメリカーナ）をつくった米国は、昭和天皇を免責して象徴天皇とし（1 条）、軍事的主権を制約したうえで（9 条）、日本を帝国的秩序（パックス・アメリカーナ）に組み込んだ。

　戦後日本憲法における「安全保障憲法」あるいは「平和憲法」の主旨は、日本帝国主義解体後の東アジアに、どのような「共同の安全保障の枠組み」＝平和秩序をつくるか、ということであっただろう。9 条にばかり注意を払って、〈前文・9 条〉とセットになる「共同の安全保障の枠組み」＝平和秩序の考察・実現の努力をしないでいると、〈前文・9 条〉は生きない。〈日米安保・自衛隊〉の役割強化を追求する勢力に圧倒されるばかりである。〈前文・9 条〉は、日本一国の問題ではないのであって、東アジア平和秩序、さらにいえば世界平和秩序の問題（米国を覇権国とする帝国的秩序の変革の問題）として取り組まないかぎり、実現は困難であるというべきである。比較憲法的にいえば、1946 年日本国憲法の 9 条は、日本帝国主義解体が冷戦本格化・朝鮮戦争勃発前に行われたという文脈に由来する「先駆的事例」といいうるが、「共同の安全保障の枠組み」＝平和秩序なしにはその「先駆性」は生きないのである。

2　東アジア平和秩序の準備、覇権的秩序の変革

　大づかみにいうならば、〈日米安保・自衛隊〉の路線は、「日本帝国主義・植民地主義の未克服」「東アジア分断構造の継続」「米国の軍事的覇権の補完」という立場である。それに対して、〈前文・9 条〉の路線は、「日本帝国主義・植民地主義の克服」「東アジア分断構造を克服する安全保障共同体の構築」「覇権に対抗する越境的市民社会の重視」というアプローチになると筆者は考えている。東アジアにおける日本帝国主義・植民地主義の未克服と日本の対米従属はコインの裏表の関係にある。それでは、〈日米安保・自衛隊〉に対する〈前文・9 条〉の「反転攻勢」をいかにして実現するか。とりわけ、いまの現実政治の中にいるどのようなアクターがどのようにアプローチするのか。

　まずアクターについて。日本の対外関係・安全保障にかかわる重要なアクターは外務省であるが、すでに述べたように、外務省は基本的に〈日米安保・自衛隊〉を〈前文・9 条〉に優越させる立場に立っている。国会を通じて外務省を変える（＝安保村を抑える）努力をすることも必要であるが、それだけでは不十分である。外交については、米ソ冷戦終結後、マルチトラック外交という

考え方が有力になっていることをここで強調しておきたい。もちろんフォーマルな外交主体、すなわち国家間交渉、条約締結の主体は政府であるが、現在の国際関係においては、政府以外の様々なアクターが対外関係をつくる主体となっており、それらのインフォーマルな主体の活動をも視野に入れないと、対外関係は理解できないのである。東アジアにおいても、平和運動、NGO、学者・知識人等の越境的市民社会が重要な役割を果たしている。我々の目的にとっては、越境的市民社会というアクターが最も重要となる。

　次にアプローチについて。東アジアにおける「共同の安全保障の枠組み」＝平和秩序を考える場合、最もストレートな応答は、東アジアに安全保障共同体をつくることである。安全保障共同体とは、国際政治学者カール・ドイチュ（Karl Deutsch）が1957年に提唱した概念であるが、とりわけ冷戦後に理論的発展・深化を見た。安全保障共同体とは、敵国を想定する軍事同盟とは異なり、地域内のすべての国家をメンバーとして、(1)その地域内において武力不行使の規範が確立していて軍拡競争・戦争準備がなく、(2)紛争の平和的解決の制度があり、(3)地域としてのアイデンティティがあることを特徴とする。たとえば、ASEANは安全保障共同体に近づいているという見方がある。分断構造が厳しい東アジアでこれら3つの条件を実現するにはまだまだ時間がかかるが、東アジア安全保障共同体の構築は我々の超長期的な課題であろう。

　もう1つのアプローチについて。〈日米安保・自衛隊〉は米国の軍事的覇権の従属変数であるから、〈日米安保・自衛隊〉を変えるためには、米国の軍事的覇権＝米軍の世界戦略を変える必要がある。これについても、主たるアクターは外務省ではなくて、越境的市民社会である。米軍の世界戦略を制度的にコントロールしうるのは、米国議会と米国大統領であり、究極的には米国の有権者である。米国の平和運動はきわめて重要になる。しかし米軍の影響を受けるのは米国市民のみならず、世界中の市民である。現在、米国の国外に約800の米軍基地が存在している。沖縄を含めて、世界の米軍基地のまわりには、米軍基地反対運動が存在しており、これらの基地反対運動をつなぐ世界的ネットワークも存在している。世界の平和運動と米国の平和運動が連携することによって、ワシントンにおいて米軍の世界戦略に影響を与えようとする動きがあるのである。このような越境的市民社会の取組みと〈前文・9条〉は響き合っている。たとえば、2013年2月22日、ホワイトハウスで安倍・オバマ会談が行われていたとき、ホワイトハウス北側のラファイエット広場では、米国のカトリック平和団体、Pax Christi USAが日本国憲法9条擁護を訴える集会を開いて

いた。これは Pax Christi USA と日本カトリック正義と平和協議会の越境的連携の成果である。

　今東アジアは転換期にある。パックス・アメリカーナの衰退期にあって、米国が日本、オーストラリア等の同盟国の役割分担の比重を高めて、覇権の衰退を補完しようとしている一方で、中国の対外政策は覇権主義的になっている。このような時期において、東アジアを見渡すと、台湾のひまわり学生運動、香港の雨傘運動、韓国のキャンドル集会、日本の安保法制反対運動、沖縄の高江、辺野古での米軍基地反対運動等々、東アジア各地で、市民が政府の反民主的・反立憲的な動きに対抗して、下から非暴力的に立憲・民主・平和をつくろうとする運動が高揚したことに気づくのである。これらの運動を包括的にとらえて、「覇権的寡頭制的東アジア」に対抗して「立憲・民主・平和の東アジア」を切り拓く市民の努力としてみることができるのではないか。中国も含めて、東アジアにおける市民社会の発達はめざましい。東アジアにおける学者・知識人の越境的交流も分厚いものとなっている。筆者は、このような東アジア各地の市民の運動、学者・知識人の交流が合体して越境的市民社会がつくられ、そこから「東アジアの人々の平和的共存の枠組み」が準備されていくという方向性を考えている。この方向性の中で、「平和を愛する諸国民の公正と信義に信頼して、われらの安全と生存を保持」するという1946年憲法前文の思想・構想は生きるだろう。

3　越境的市民社会による非軍事・非暴力の国際平和支援

　2015年安保法制の特徴として、自衛権行使の範囲の拡大に加えて、国際平和支援における自衛隊の活動範囲の拡大がある。これも問題にせざるを得ない。1946年日本国憲法前文が述べているように、戦後日本憲法は一国主義、孤立主義ではなく、国際協調主義、多国間主義の立場に立っている。日本の政府と市民は、国際的な紛争解決、平和維持、平和構築等に積極的に関与すべきである。そして９条の非軍事平和主義の立場からいって、日本の政府と市民の国際平和支援は、非軍事的であるべきである。1992年、国連カンボジア PKO（UNTAC）に参加して以来の自衛隊の活動の軌跡は、〈前文・９条〉から遠ざかるように見える。

　1992年の頃、非軍事要員の PKO 参加（「PKO 別組織論」）が議論されたが、その後、これについての議論はあまり聞かない。しかし、世界の平和運動、NGO は、非軍事・非暴力の PKO・紛争予防・平和構築について、真摯な理論

的探求と実践を積み重ねてきた。〈前文・9条〉の思想・構想の実現を目指す
我々は、これらの越境的市民社会（NGO）による非軍事・非暴力の国際平和支
援活動に注目して、それらをサポートしていくべきであろう。日本の憲法平和
主義と越境的市民社会による国際平和支援は共闘・連携の関係にあるのである。

[参考文献]
・寺井一弘＝伊藤真編著『安保法制違憲訴訟』（日本評論社、2020年）
・森英樹「『二つの法体系』論」法律時報編集部編『法律時報増刊　戦後日本憲法学70年の軌跡』（日本評論社、2017年）24-32頁
・浦田一郎「憲法としての安保体制」法律時報82巻1号（2010年1月号）1-3頁
・豊下楢彦「『安保の論理』の歴史的展開」菅英輝編著『冷戦と同盟』（松籟社、2014年）289-319頁
・古関彰一『対米従属の構造』（みすず書房、2020年）
・渡辺治＝福祉国家構想研究会編『日米安保と戦争法に代わる選択肢』（大月書店、2016年）
・君島東彦「非暴力の人道的介入、非武装のPKO」君島東彦編『平和学を学ぶ人のために』（世界思想社、2009年）207-227頁
・君島東彦「六面体としての憲法9条」全国憲法研究会編『憲法問題29』（三省堂、2018年）9-21頁

13 民主主義
——臨時国会の召集決定をめぐる 民主主義と司法審査

立命館大学教授
倉田 玲

I 報道によると

1 「（社説）国会召集訴訟　物足りなさと収穫と」（朝日新聞、2020年 6 月11日）

　この国の健全な民主主義のために、なぜもう一歩踏み込まないのか。司法の本来の責務の放棄と言わざるを得ない。

　3 年前、野党議員による臨時国会の召集要求に応じなかった安倍内閣の行いが憲法に違反するかが争われた裁判で、那覇地裁は議員側の訴えを退けた。要求は、森友・加計問題の真相を解明するためとして17年 6 月22日に出された。内閣は98日後の 9 月28日にようやく召集。だが冒頭で衆院を解散し、実質審議は行われなかった。このため沖縄県選出の議員らが、質問や討論の権利を奪われたとして国に損害賠償を求めていた。

　根拠としたのが、臨時国会について「いずれかの議院の総議員の 4 分の 1以上の要求があれば、内閣は、その召集を決定しなければならない」と定めた憲法53条だ。

　これに対し地裁は、召集されなかったことに伴う不利益や損失は金銭で回復される性質のものではないなどとして、訴えは国家賠償制度の趣旨に沿わないと指摘。当時の内閣の行為は合憲か違憲かの判断をしないまま、判決を言い渡した。

　法律の解釈論でお茶を濁し、問題の本質に切り込むのを避けたと言うほかない。司法の世界には「憲法判断をしなくても結論が出せる場合はあえて判断しない」という考えがあるが、それに機械的に従うだけでは裁判所の存在意義はない。

　召集要求を放置してもとがめられない。そんな受け止めが広がれば、内閣の専横に司法が手を貸すことになりかねない。三権が分立し、抑制と均衡を図ることで民主社会は成り立つ。この基本を忘れてはならない。

　一方で、言い分がすべて認められたわけではないことを、国側は肝に銘じる必要がある。

　国側は、国会の召集は高度の政治性をもち、裁判所はその当否を判断するべきではないと主張していた。だが判決は、召集要求があれば合理的期間内に応える法的義務が内閣にあると述べ、その際認められる裁量の幅は「限定的なもの」と判断。時期が遅すぎないかなど、司法審査の対象になると結論づけた。内閣の対応によっては、憲法違反と断じる可能性があるとの考えを示したものだ。

　異論に耳を貸さず、国会軽視を重ねてきたのが安倍政権であり、その象徴の一つが臨時国会の召集要求の黙殺だった。そしてコロナ禍に直面する今も、国会を早々に閉じて野党の追及から逃れようとしている。

　この裁判を通じて、少数派の意見を国会に反映させることの意義が確認されたのは大きな収穫だ。政権は従来の姿勢を改める契機としなければならない。

2　「（社説）国会召集めぐる判決　憲法上の義務明言は重い」
（毎日新聞、2020年6月14日）

　安倍政権が3年前、野党の要求から3カ月以上、臨時国会を開かなかったのは、憲法違反かどうかが争われた裁判の判決があった。

　那覇地裁は判決の中で、「内閣には国会を召集する憲法上の義務がある」と明言した。

　内閣の対応次第では違憲と判断されることもあると言及した。今回のケースが合憲か違憲かは判断しなかったが、その意味は重い。

　野党の要求は、森友・加計問題を解明する必要があるとの理由で出された。安倍政権は98日後にようやく召集したものの、冒頭に衆院を解散し、審議はしなかった。

　憲法53条は、衆院か参院の議員4分の1以上から要求があれば、内閣は臨時国会の召集を決定しなければならないと定める。時期についての定めはない。提訴した沖縄県選出の国会議員らは、質問や審議の権利を妨げられたとして損害賠償を求めた。

　国側は、国会召集が高度に政治性のある行為であり、召集時期も内閣の裁量だと主張した。

　しかし判決は、単なる政治的義務ではなく、憲法上規定された法的義務であり、時期決定の裁量も大きくないと指摘した。

　また、53条の趣旨は少数派の議員の意見を反映させることだと位置づけた。その機会が失われると、国会と内閣のバランスが損なわれかねないと警鐘を鳴らした。

　内閣は要求に速やかに応じる義務があるとの判断と言える。安倍政権は重く受け止めるべきだ。

　判決は、内閣に対して国会召集を強制する規定が憲法にないことなどを理由に請求を棄却したが、議員の召集要求を巡って、裁判所が審理する必要性を認めた。ならば、安倍政権の対応の是非についても判断を示すべきだった。

　53条についての司法判断は、今回が初めてだ。こうした裁判が起こされること自体が、国会を軽視する政権の体質を表している。

　判決について、菅義偉官房長官は「確定していないのでコメントは差し控えたい」と述べた。指摘と向き合う姿勢はうかがえない。

　通常国会は17日に閉会する見通しだが、新型コロナウイルス対策など国政の課題は山積している。野党から臨時国会の召集を求められれば、内閣は憲法の趣旨に従って速やかに開く必要がある。

【関連条文】

憲法53条　内閣は、国会の臨時会の召集を決定することができる。いづれかの議院の総議員の4分の1以上の要求があれば、内閣は、その召集を決定しなければならない。

76条1項　すべて司法権は、最高裁判所及び法律の定めるところにより設置する下級裁判所に属する。

81条　最高裁判所は、一切の法律、命令、規則又は処分が憲法に適合するかしないかを決定する権限を有する終審裁判所である。

Ⅱ　何が問題なのか

　自由民主党「日本国憲法改正草案」(2012年4月27日)は、53条も改造しようと提案している。「内閣は、臨時国会の召集を決定することができる。いずれかの議院の総議員の4分の1以上の要求があったときは、要求があった日から20日以内に臨時国会が召集されなければならない」という案文である。同党憲法改正推進本部「憲法改正に関する議論の状況について」(2019年3月26日)に並ぶ4つの「優先的な検討項目」には含まれていないが、取り下げられたわけでもない。

　国会法2条の3第1項本文には、「衆議院議員の任期満了による総選挙が行われたとき」について、2項本文には、「参議院議員の通常選挙が行われたとき」について、いずれも「その任期が始まる日から30日以内に臨時会を召集しなければならない」と定められている。選挙後の初顔合わせにとどまることも少なくないが、ともあれ寝耳に水となるはずがない場合についても「20日以内」ではなく「30日以内」というのが現行法の規定である。法というルールの世界には、無責任な前言撤回の主張を戒める禁反言の法理というものもあるが、政治の世界では、生真面目に「20日以内」の対応が急がれないどころか、いつまでも開かれないようなことが繰り返されてきた。

　自衛隊のイラク派遣などが政争の焦点になっていた2003年11月27日にも、米軍普天間飛行場の移設問題や米国産牛肉の輸入再開問題などが争点になっていた2005年11月1日にも、衆議院と参議院の両院において野党議員の集団が臨時会召集要求書を提出しているが、当時の小泉内閣は2回とも対応していない。2015年10月21日の要求書は、安倍内閣により棚上げにされている。同年の通常国会は、9月27日の閉会まで空前の245日間にも及び、異例の長丁場のあげく、会期末の9月19日の未明に平和安全法制整備法案や国際平和支援法案が成立しているが、その強行採決の後には、議論の場が閉じられ、年の瀬まで再び開かれなかった。年間1度限りの国会というのも、まことに前例のない事態であった。

　こんなことが繰り返されるばかりでは埒が明かないことに業を煮やして、野党議員らが問題を法廷に持ち込んだことには、江戸の仇を長崎ならぬ沖縄で討つような場違いがあっただろうか。与野党間の対立が暗礁に乗り上げて、国民主権の原理に基づく民主主義の政治過程が健全に機能せず、権力分立による相互の抑制と均衡が異常をきたしているようなときには、司法権を行使する憲法

の番人が議院内閣制の外側から独自の役割を果たして、正常への回復を促して
くれることに期待することができないものだろうか。まずは憲法違反の有無が
問題であるが、それが発生しているとなれば、いかに是正されるべきなのかと
いう問題も、そこに重なり合う。

Ⅲ｜考えてみるには

1　召集決定の権限と責務

　日本国憲法の特殊な構造を基礎から確認しておくと、7条2号に規定されて
いるとおり、「天皇は、内閣の助言と承認により、国民のために……国事に関
する行為」として「国会を召集する」が、4条1項に明記されているとおり、
「天皇は、この憲法の定める国事に関する行為のみを行ひ、国政に関する権能
を有しない」。53条前段に、「内閣は、臨時会の召集を決定することができる」
と規定してあり、後段に、「内閣は、その召集を決定しなければならない」と
規定してあるのは、「助言と承認」以前に、まずは自らの名において判断する
権限と責務の所在を明示している。

　旧憲法の場合は、7条に、「天皇ハ帝国議会ヲ召集シ其ノ開会閉会停会及衆
議院ノ解散ヲ命ス」という盛りだくさんの権能が定められ、43条1項に、「臨
時緊急ノ必要アル場合ニ於テ常会ノ外臨時会ヲ召集スヘシ」と定められてい
たが、やはり実質的な権限と責任は別所にあり、55条1項に、「国務各大臣ハ天
皇ヲ輔弼シ其ノ責ニ任ス」と定められていた。この「国務各大臣」の集合体が
首相を同輩中の首席としていた当時の内閣であるが、もとより内閣の章もなか
った旧憲法の随所には「政府」と表記されていた。

　日本国憲法には、もちろん内閣の諸規定がある反面、前文の冒頭に「政府の
行為によつて再び戦争の惨禍が起ることのないやうに」と明記されているほか
には、そもそも「政府」という言葉が使用されていない。よほど嫌な思い出が
あって忌み嫌われているような感もあるが、もちろん政治の世界には頻繁に登
場する普通の言葉である。前文には「国民の代表者」という言葉もあるが、そ
の集団が大きくは与党と野党に分かれている。

　67条1項に基づき、「内閣総理大臣は、国会議員の中から国会の議決で、こ
れを指名する」が、この多数決により「政府」の首脳を送り出して支えている
与党ばかりでなく、その強大な権力に対抗する野党も、43条1項の「全国民
を代表する選挙された議員」の集団である。53条前段の権限と後段の責務は、

与野党間の抑制と均衡の権力分立を要素にして設計されている憲政の制度の要所である。

2 臨時国会の制度設計

　そもそも「臨時会の召集」が与野党間の対立の焦点になるのは、衆議院議員の総選挙や参議院議員の通常選挙がなくても国会が開いたり閉じたりする会期制という仕組みが採用されているからである。国会法68条本文に、「会期中に議決に至らなかつた案件は、後会に継続しない」と定められている会期不継続の原則は、閉会という区切りに重要な意味を付与している。このような「会期制は、沿革的には、中世ヨーロッパにおいて議会が国王によって必要に応じて召集され、その任務を終えると閉会したということに由来するが、日本国憲法が会期制を予定しているのは、会期制には、国会内多数派による数を頼んでの強引な立法を抑止し、国会での実質的な議論を確保するとか、過度な立法による行政活動の停滞を防ぐといったような合理的な理由があるからであろう」（市川・基本講義283頁）と説明されてきた。「会期制がイギリスで誕生し、それが一般化した背景には、議会の議事の効率性を高めるとか、議員が選挙民と接触する機会を多くするとか、行政府の機能を不必要に阻害すべきでないとか、様々な要因が働いていたものと思われる」（佐藤・憲法論488頁）という推察もあるが、英国を母国とする英米法系の諸国には実質的に不採用の米国もある。

　国際連合加盟国の現行成典憲法としては最古のアメリカ合衆国憲法の場合は、18世紀末から通用している2編3節に、大統領の権限として、「非常の場合には、両院または一院を招集することができる」と規定されており、「休会の期日について両院が一致しないときには、適切とみなす期日まで休会にすることができる」とも規定されているが、後者の権限が行使されたことはなく、閉じないのに開くこともないから、両院が招集されたこともない。1編4節2項に、「合衆国議会は、少なくとも毎年1回集会し、その会合は、法律により別の日が指定されない限り、12月の第1月曜日とする」と規定されており、1933年に追加された第20修正2節により、末尾の部分が「1月3日の正午にはじまる」と変更されているが、いまでも終末の規定はない。議員が改選される西暦偶数年に選挙の都合から休会されることなどはあっても、終末を意味する閉会のない通年議会であり、臨時の会期が必要とされることもない。ほかにも、1993年末の国民投票により採択されたロシア連邦憲法の99条1項に、「連邦議会は、常時活動する機関である」と定められているのが通年議会の実例である。

　両大国と同じく連邦制を採用しているドイツは、連邦議会と連邦参議会の両院制を採用している。憲法に相当する連邦共和国基本法の39条 1 項に、不継続の原則の前提となる会期とは違い、改選を区切りとする「選挙期」の採用が明示されている。原文には代名詞が使用されている箇所にも煩瑣でない程度に固有名詞の訳語を入れておくと、同条 3 項に、「連邦議会は、その会議の終了および再開を決定する。連邦議会の議長は、その前に招集することができる。連邦議会の議長は、議員の 3 分の 1 、連邦の大統領または連邦の首相が要求するときは、連邦議会を招集する義務を負う」と定められている。また、52条 2 項に、「議長は、連邦参議会を招集する。議長は、2 州以上の代表者または連邦の政府が要求するときは、連邦参議会を招集する義務を負う」と定められている。自律的に参集する各院について「議員の 3 分の 1 以上」や東西統一以前でも全11州、以後は全16州のうち「2 州以上」の規定が意味しているのは、少数派も審議の場を求めて確保することができるという設計である。

　フランスの場合は、日独の現行憲法よりも新しい第 5 共和制憲法の24条 2 項に、「国会は、国民議会と元老院により構成される」と定められており、29条 1 項に、「国会は、首相または国民議会議員の過半数の要求により、特定の議事日程について臨時会として集会される」と定められている。このように少数派が求めることのできない設計例もあるが、さらに新しく第 6 共和国憲法とも別称されている大韓民国憲法の場合は、51条に会期継続の原則が定められていながら、47条 1 項後段に、「国会の臨時会は、大統領または国会に在籍する議員の 4 分の 1 以上の要求により集会される」と定められている。同条 3 項に、「大統領が臨時会の集会を要求するときは、期間および集会を要求する理由を明示しなければならない」と定められているが、対照的に「議員の 4 分の 1 以上」の少数派に対しては同種の要件がなく、この点も含めて、会期不継続の原則を定めているわけでもない日本国憲法53条後段に似ている。

3　少数派が要求するとき

　日本国憲法の取扱説明書として役立つ種類の文献を読み比べてみると、このところ53条後段に関する記述の追補が散見される。たとえば、この規定が「議会内少数派（野党）の権利を保障している」と趣旨を明言している教科書は、この初版（2015年）には明示されていなかった観点より、その後の政界を診察して、次のとおり診断している。「53条後段に基づく召集要求の場合の召集時期の定めはないが、可能な限り速やかな召集が求められよう。ところが、

召集要求にもかかわらず、内閣が臨時会を召集しなかった例がある（2015年10月21日の要求書など3例）。要求後の合理的な期間内に常会を開催したというのが政府の説明だが、このような運用は53条後段の趣旨を否定するもので違憲である」（本・憲法講義220頁〔植松健一〕）。

　ほかにも、「内閣が、正当な理由なく召集時期をひき延ばすことは、憲法に反する」（長谷部・憲法369頁）という短い文が前の版（2014年）にはなく、新たに書き加えられているという例がある。さらに新しい別著にも、「準備に必要な合理的期間を超えて内閣が召集時期を引き延ばすことは憲法に違反します」（長谷部恭男『憲法講話——24の入門講義』〔有斐閣、2020年〕308頁）と述べられている。こうした追捕の傾向は、今世紀の初頭から政治の世界において反復的に可視化されてきた憲法問題が、いよいよ深刻化してきたという認識を反映しているのだろう。

　旧来の解釈が情勢に即応して要説されるようになってきたのであり、新奇な説明ではない。53条後段の「召集を決定しなければならない」という文言は、かねてより、そこに明記されている「法定の要件がみたされている以上、政治上の不適当その他を理由としてこれを拒むことはできない」（法協・註解（下）828頁）という意味であり、この場合には、「開会の手続および準備のために客観的に必要とみられる相当の期間内で、できるだけ速やかに召集することが決定されなければならない」（清宮・憲法Ｉ229頁）と解説されてきた。

　より具体的に、「議員から召集を要求される国会の臨時会の権能は、内閣が提出する案件の審議にかぎられるものでないことはもちろんであるから、内閣がそこに案件を提出する準備ができたかどうかは、召集の時期の決定に少しも影響をおよぼすべき事情ではない。……相当の期間（せいぜい2、3週間でよかろう）のうちに臨時会の召集を決定すべきものである」（宮沢・コメ400頁）と書かれている例もある。53条後段を素直に解釈するなら、「議院における少数者の発言権を保障した規定と考えなくてはならないから、その意味からいって、たとえ実際に乱用が可能であるとしても、本条による要求権を法律で制限することは許されないと解すべきであろう」とも説かれている（同401頁）。

　実際にも、「かつて『国会閉会の翌日から50日以内は要求書を提出できない』旨の制約を設ける国会法改正案の提案があったが、こういう制限を加えることも憲法上認められないと解される」（芦部・憲法321頁）から、やはり頓挫したという経緯がある。かくして根拠になりそうな法律の規定も見当たるはずのない内閣の責務の懈怠が、まさか容認されてよいはずはなかろう。

4　司法審査の可能性

　日本国憲法の司法の章は、76条１項の「司法権」の規定にはじまり、その後に81条の「憲法に適合するかしないかを決定する権限」の規定もある。最大判1952・10・8民集６巻９号783頁〔警察予備隊違憲訴訟〕は、前者について、「司法権が発動するためには具体的な争訟事件が提起されることを必要とする」と判示しており、両者の関係について、「最高裁判所は法律命令等に関し違憲審査権を有するが、この権限は司法権の範囲内において行使されるものであり、この点においては最高裁判所と下級裁判所との間に異るところはない」と判示している。

　この「具体的な争訟事件」は、裁判所法３条１項の「法律上の争訟」と同義だと理解されてきた。最三小判1953・11・17行集４巻11号2760頁〔教育勅語等失効確認決議事件〕が、前年の大法廷判決を先例として、「法律上の争訟とは、当事者間の具体的な権利義務ないし法律関係の存否に関する紛争であつて、且つそれが法律の適用によつて終局的に解決し得べきものであることを要する」と判示して以降は、具体的な事件性のある「法律上の争訟」を舞台にして合憲性が判定される付随的審査制の採用が、同旨の小法廷判決により幾度も確認されてきた。

　もっとも、憲法問題が「法律上の争訟」に付随しており、しかも裁判所法３条１項の「日本国憲法に特別の定のある場合を除いて」という例外には該当しないのに、それでも司法審査の対象外とされることがある。複数の類型があるが、最大判1960・6・8民集14巻７号1206頁〔苫米地事件〕は、「直接国家統治の基本に関する高度に政治性のある国家行為のごときはたとえそれが法律上の争訟となり、これに対する有効無効の判断が法律上可能である場合であつても、かかる国家行為は裁判所の審査権の外にあり、その判断は主権者たる国民に対して政治的責任を負うところの政府、国会等の政治部門の判断に委され、最終的には国民の政治判断に委ねられている」と述べている。

　論拠として、「この司法権に対する制約は、結局、三権分立の原理に由来し、当該国家行為の高度の政治性、裁判所の司法機関としての性格、裁判に必然的に随伴する手続上の制約等にかんがみ、特定の明文による規定はないけれども、司法権の憲法上の本質に内在する制約と理解すべきである」と記している。あてはめて、「衆議院の解散は、極めて政治性の高い国家統治の基本に関する行為であつて、かくのごとき行為について、その法律上の有効無効を審査することは司法裁判所の権限の外にありと解すべきこと」を断じている。

統治行為論と呼ばれることもある考え方だが，これに対しては厳しい批判もある。たとえば，「解散という制度は、議院内閣制においてチェック・アンド・バランスを構成する重要な要素であり、解散を定める憲法条文の解釈を司法権が回避することは、憲法の定めた統治機構の保障という、司法権に期待される重要な責務の放棄ではないだろうか。……解散問題には司法権は一切立ち入らないというメッセージを伝えたことが、その後の恣意的と思われる解散の横行を許すことになったのではないだろうか」（高橋・体系105頁）と指摘されている。より根本的には、そもそも「憲法が、違憲審査権の行使が高度の政治性を有していること、違憲審査制が民主主義と一定の緊張関係にあることを踏まえて、違憲審査制を採用している以上、民主主義を根拠に高度に政治的な国家行為が違憲審査の対象から除外されなければならないとすることには、十分な理由がない」（市川・基本講義320頁）という批判もある。

　さりとて「事件性の要件をみたす、すべての統治活動について、裁判所が実体的な判断を下すべきという考え方も現実を直視しない極論に陥る」と悟ると、結局、「政治的判断が含まれる統治活動については、統治部門の自律権と裁量権によって説明できるものについては、これによって処理し、その他のものについては、問題となる活動の分野や個々の行為ごとに司法の対象から除くための実質的論拠をそれを主張する側が論証責任を負うとすべきである」（渋谷・憲法652頁）。53条後段に基づく召集決定の責務が放棄され、それが誰の目にも明らかであり、つまり一見して明白に違憲であるときには、衆議院の解散権の所在や行使の手続などが争点になる場合にもまして「実質的論拠」に乏しく、司法審査の可能性を閉じてしまうことが難しかろう。

Ⅳ　「答え」を導き出そう

　朝日新聞や毎日新聞の社説により論評されている那覇地判2020・6・10裁判所ウェブサイト（LEX/DB文献番号25565871）は、53条前段に基づく権限の行使が「高度の政治性を有するものであることは否定できない」のと明確に区別して、後段に基づく責務が「単なる政治的義務と解されるものではなく、憲法上明文をもって規定された法的義務と考えられる」と解釈している。そして、「召集の要求がされてから合理的期間内に臨時会を召集する義務がある」のを前提として、この責務が果たされているのかは「合理的期間の解釈問題であって、法律問題といえるのであるから、法律上の争訟として、裁判所がこれを判

断することが可能な事柄である」と断定している。

　司法審査の可能性ばかりでなく、その必要性も次のとおり強調されている。「仮に内閣がこの義務を履行しない場合（不当に召集が遅延した場合を含む。）には、憲法53条後段の趣旨すなわち少数派の国会議員による国会の召集要求の途を開け、少数派の国会議員の意見を国会に反映させるという趣旨が没却されるおそれがあるのであって、そのような事態が生じる場合には、議院内閣制の下における国会と内閣との均衡・抑制関係ないし協働関係が損なわれるおそれがあるというべきであるから、司法審査の対象とする必要性が高い」。このような責務の不履行を「衆議院の解散と同程度ないしそれ以上の高度の政治性のある行為であるとまでは解し難い」からには、憲法の番人の役割も小さくはないという自覚を表明していよう。

　もっとも、裁判に固有の限界があることも、それ自体としては否めない。国家賠償法 1 条 1 項の「違法に他人に損害を加えたとき」には該当しないと判定している判決は、「臨時会の召集が適法に行われないという全国会議員にとって共通の出来事について、召集要求をした個々の国会議員に対してのみ……損害賠償を認めるというのは、いささか不自然の感を否めない」と述べるばかりでなく、「損害賠償を認めることによって、事実上、内閣に対し、臨時会の召集を間接的に強制する結果となることも憲法上は予定されていない」と読んでもいる。

　付随的審査制の限界を述懐しているようでもあるが、朝日新聞に手厳しく「司法の本来の責務の放棄」だと批判され、毎日新聞に「ならば、安倍政権の対応の是非についても判断を示すべきだった」と残念がられているのは、請求棄却の結論それ自体ではなく、むしろ判決の末尾に「違憲かどうかを判断するまでもなく」と記している退け方である。違憲と判定してから棄却するという裁き方もあり、その例として名古屋高判2008・4・17判時2056号74頁〔自衛隊イラク派遣違憲訴訟〕や大阪高判2013・9・27判時2234号29頁〔受刑者等選挙権剥奪違憲訴訟〕などがある。こちらの構文であれば、もとより賠償金の獲得ではなく居直りの断罪を所期の目標にして提訴した少数派が、相撲に勝って勝負に負けることには必ずしもならない。

　最大判2005・9・14民集59巻 7 号2087頁〔在外邦人選挙権制限違憲訴訟〕に表示されている泉德治裁判官の反対意見は、この著名な違憲判決の「国家賠償請求の認容に係る部分に反対し、それ以外の部分に賛同する」という立場から、「民主的な政治過程の正常な運営を維持するために積極的役割を果たすべき裁

判所としては、国民に対しできるだけ広く是正・回復のための途を開き、その救済を図らなければならない」が、この事件の「国家賠償請求は、金銭賠償を得ることを本来の目的とするものではなく……違憲性を、判決理由の中で認定することを求めることにより……回復を目指している」と指摘している。こうした文脈において「違憲性を、判決理由の中で認定すること」が期待されるとき、論理的に先行する憲法判断を回避しない深慮の果断は、裁判所が「司法審査と民主主義の矛盾の調整のための自制のルール」（市川正人『司法審査の理論と現実』〔日本評論社、2020年〕150頁）を踏み外してしまう勇み足にはならないだろう。

［参考文献］
・新井誠「政府の統制——与党（多数党）と野党（少数党）」法学セミナー755号32頁（2017年）
・村西良太「少数派・反対派・野党会派——政府統制の主体に関する覚書」法律時報90巻5号25頁（2018年）
・成澤孝人「53条要求の無視——国会と内閣」小林武＝石埼学編『いま日本国憲法は——原点からの検証〔第6版〕』（法律文化社、2018年）187頁
・高作正博「内閣による臨時国会不召集の違憲性と国家賠償法」関西大学法学論集70巻1号69頁（2020年）
・横大道聡「いともたやすく行われるえげつない行為」判例時報2450・2451合併号282頁（2020年）。

14 改憲問題
——「安倍なき後の安倍改憲」

立命館大学教授
小松　浩

I ｜ 報道によると

「(時時刻刻) 首相 コロナ禍での改憲訴え　緊急事態条項 必要性にじませる」（朝日新聞、2020年5月4日）

　安倍晋三首相は憲法記念日の3日、改憲派のオンライン会合にメッセージを寄せた。新型コロナウイルスの感染拡大を受け、緊急事態対応をめぐる憲法改正論議の前進を訴えた。ただ、コロナ禍を改憲のテコにする主張には反発も強い。自民党総裁としての任期が近づく首相が主導する改憲は、不透明感が増している。

■ 与党内からも疑問の声

　首相はこの日、保守系団体「日本会議」が主導する改憲団体「美しい日本の憲法をつくる国民の会」などによる会合に、党総裁として約9分間のメッセージを送った。強調したのは、新型コロナ対応に絡めた改憲の必要性だった。

　政府が出した緊急事態宣言に触れた後、「緊急事態において、国家や国民がどのような役割を果たし国難を乗り越えていくべきか、そのことを憲法にどのように位置付けるか、極めて重く大切な課題だ」と訴えた。

　さらに、自民党がまとめた「改憲4項目」に「緊急事態対応」が含まれていると主張。「国会の憲法審査会の場でじっくりと議論を進めていくべきだ」と述べた。新型コロナ対応に自衛隊員が当たっていることを引き合いに、「自衛隊は違憲というおかしな議論に終止符を打つ」と、9条に自衛隊を明記する必要性も語った。

　首相は2021年秋までの総裁任期中に改憲を実現することに、かねて強い意欲を示してきた。この日も「憲法改正への挑戦は決してたやすい道ではないが、必ずや皆さんと共になし遂げていく」と力説した。

　官邸幹部は首相のメッセージについて「平時から改憲論議が進んでいない以上、とにかく議論を始めてほしいという思いを込めた」と解説。「いま国会で議論をするのは当然だ」との見方を示した。

　だが、こうした首相の姿勢には、与党内からも疑問の声が上がる。自民党幹部は「新型コロナの混乱に乗じて動かそうとしていると言われる」。公明党は3日、「憲法改正によって緊急事態条項を創設しなければならないという意見もあるが、個別の法制の中で議論を進めるべきだ」などとするアピールを出し、自民が提示する緊急事態条項に距離を置く姿勢を示した。

　それでも首相が強気の主張を打ち出すのは、自ら掲げた改憲の旗を降ろせば求心力の低下につながりかねないからだ。別の官邸幹部は「憲法記念日だから党総裁として発言はする。だが、発言以上のことにはなかなか踏み込めない」と漏らす。

　野党は首相への批判を強める。立憲民主党の福山哲郎幹事長は3日のNHKの討論番組で、「いまこそ立憲主義に基づいて国民が健康で文化的な最低限度の生活ができるよう暮らしを守る。コロナに乗じて憲法改正を安易に議論するのはやめてもらいたい」と述べた。共産党の小池晃書記局長は「コロナ対応がうまくいっていないのは憲法のせいではない。改憲をこの時期に持ち出すのは最悪だ」と批判した。

■ 野党「法律で対応できる」

　自民党内では、今回の感染症拡大のような緊急時に外出規制を強制できるような憲法改正が必要、との意見が出ている。

　自民は2018年にまとめた「改憲4項目」に、緊急事態条項を明記。大規模災害に限り、国民の権利を一時的に制限できるとする内容だ。党内には、感染症もその対象に含めるべきだとの声が上がる。自民の中谷元・元防衛相は自らのフェイスブックで、「緊急事態宣言を迷うことなく迅速に発出するためには、『できますよ』との根拠規定を（憲法に）明示しておくのが好ましい」と訴えた。

　一方、立憲民主党などは憲法に書き込まなくても、法律によって一定の権利の制限は可能との立場だ。立憲の枝野幸男代表は3日、インターネット上に公開した動画で、改憲が必要とする自民などの主張について「明らかな事実誤認。憲法の制約でやるべきことができないということはまったくない」と批判。現行憲法の「公共の福祉」概念に沿って、事態の深刻度に応じて個人の権利を

制約する範囲は大きくできる、との考えを示した。

　自民党の改憲4項目や2012年の党憲法改正草案の緊急事態条項では、私権制限が国会審議を経てできる法律によらなくても、法律と同じ効力を持つ内閣の政令でできる、との考え方が採用されている。野党側からは「まさに戒厳令」（小池氏）と、国会のチェック機能が利かなくなる恐れも指摘されている。

■ 国民投票法　改正進展せず

　首相主導の改憲は今後どうなるのか。

　昨秋の党人事で首相は「挙党態勢」を意識した布陣を敷いたが、議論の進展には結びついていない。二階俊博幹事長ら党幹部には改憲機運の醸成を促し、野党と一定のパイプがある佐藤勉・元国会対策委員長を衆院憲法審査会会長に据えた。

　だが、全国で開くとしていた憲法集会は尻すぼみとなり、ポスターやパンフレットで改憲を呼びかけても世論の賛成論は上向かない。前提となる国民投票法改正も、テレビ広告規制の議論を求める野党との距離は縮まらず、18年の通常国会から足踏み状態だ。

　今国会で与党は、新型コロナの感染拡大をきっかけに、「緊急事態における国会機能の確保」をテーマとする議論の再開を呼びかけた。議員に感染が拡大し国会の定足数を割る事態を想定したものだが、立憲など野党は「不要ではないが不急」と応じる気配はない。

　首相の任期中に開ける国会は、今国会を含めて残り3回程度だ。現状は手続き面の整備すらままならず、国会で改憲原案をまとめて発議し、国民投票を実施する筋道は見えない。（楢崎貴司、野平悠一、大久保貴裕）

> ## 【関連条文】
> 憲法96条1項　この憲法の改正は、各議院の総議員の3分の2以上の賛成で、国会が、これを発議し、国民に提案してその承認を経なければならない。この承認には、特別の国民投票又は国会の定める選挙の際行はれる投票において、その過半数の賛成を必要とする。
> 99条　天皇又は摂政及び国務大臣、国会議員、裁判官その他の公務員は、この憲法を尊重し擁護する義務を負ふ。

Ⅱ　何が問題なのか

　記事にもあるように、安倍前首相は、現在のコロナウイルス禍においても、むしろこれを逆手に取り、緊急事態条項新設の改憲を迫るなど、なおも改憲に固執していた。ところが、2020年8月末に突如辞任を表明し、安倍改憲はとりあえずの終焉を迎えた。しかしながら、安倍前首相が退陣しても、後任の菅首相は「安倍政権の継承」を掲げており、改憲問題については、「(改憲の) 4項目を決定しているので、自民党総裁として挑戦をしていきたい」と述べている。それゆえ、「安倍なき後の安倍改憲」については、なおも検討の必要があるといえよう。

　「朝日新聞」の世論調査（「朝日新聞」2020年5月3日朝刊）によると、国会での憲法改正の議論を急ぐ必要があるかについて、「急ぐ必要はない」72％、「急ぐ必要がある」22％、さらに、安倍改憲の「本丸」ともいえる9条改憲については、「変えないほうがよい」65％、「変えるほうがよい」27％と、国民の間では改憲の機運は決して高まっていない。

　自民党は、2012年に、「日本国憲法改正草案」を提起し、2018年には、①9条加憲、②緊急事態条項、③合区解消、④教育環境の整備を掲げる、いわゆる「改憲4項目」を提起した。本章では、これら改憲案の中身の検討というのではなく、なぜ、今、改憲が叫ばれているのか、2007年に制定された憲法改正手続法に問題はないか、憲法改正の限界、首相が改憲を叫ぶことは99条の憲法尊重擁護義務に違反するのではないか、といった点に主として焦点を当てて検討することにする。

Ⅲ　考えてみるには

1　硬性憲法

　憲法は社会契約を具体化したものであり、国民の権利・自由を保障する最高法規であるので、そう簡単に改正されてはならない。したがって、憲法の改正は通常の法律の改正よりも高いハードル、厳格な要件を設けること、すなわち、硬性憲法であることが望ましいということになる。

　日本国憲法は、96条1項において、憲法改正には、各議院の総議員の3分の2以上の賛成で国会が発議し、国民投票における過半数の賛成を要するとするかなり厳格な要件を課している。アメリカやドイツの場合には国民投票は

不要で、フランスの場合は原則として国民投票が必要であるが、大統領が発議し両院合同会議で５分の３の賛成があった場合には国民投票は不要で、改正が成立する（89条３項）。

2　憲法改正手続

　憲法改正手続において、内閣に憲法改正案の提出権があるか否かについては説が分かれる。肯定説は、内閣と国会には協働性があり、内閣の提出権を認めたとしても国会審議の自主性は阻害されないので問題はないとする。これに対し、否定説は、憲法改正は国民の制憲権の作用であり、提出権は国民の代表である国会議員に限定されるとする。内閣総理大臣、国務大臣は国会議員の立場で改正案を提出できるので、この争いはあまり実益がないとはいえようが、それでも憲法改正の重要性から、あくまで内閣には提出権を認めないとする否定説が妥当だといえよう。

　次に、各議院の総議員の意味が問題となる。これについては、①法定議員数と解する説と、②現在議員数と解する説とがあるが、ここでも憲法改正の重要性から、よりハードルの高い①説が妥当だといえよう。

　さらに、国民投票における過半数の意味も問題となる。すなわち、この過半数を、①有効投票の過半数と解し、投票総数から無効票を除いたものの過半数とする説と、②投票総数の過半数と解する説とがある。憲法改正に積極的に賛成する票が投票総数の過半数を超える必要があるといえ、さらに、ここでも、憲法改正の重要性からよりハードルの高い②説が妥当だといえよう。なお、ここでの過半数を、③国民総数（有権者総数）と解することも理論上は可能であるが、96条は「投票において、その過半数の賛成」としており文理解釈上困難があり、「投票に参加していない者をも含む有権者総数過半数説は妥当ではない」（市川・基本講義13頁）。さらに、国民（有権者）総数の過半数では憲法改正はほぼ不可能であり、改正を一切許さないとする改正阻止の発想で、問題があるといえる。

3　憲法改正の限界

　憲法改正については、改正手続によりさえすれば何でもできるとする改正無限界説と改正には法的限界があるとする改正限界説との対立があり、改正限界説が通説である。改正無限界説は国民の主権は絶対であり、さらに憲法規範には上下はないとし、いかなる改正も可能であると考える。これに対し、改正限

界説は、改正権は「制度化された憲法制定権」であり、憲法の基本原理の改正は改正権の生みの親、制憲権の否定になり、憲法の自殺行為で許されず、憲法の基本原理の改正はできないとする。そして、憲法の同一性を損なう「改正」は改正ではなく、新憲法の制定であると考える。ちなみに、ボン基本法79条３項は基本原則の改正はできないと規定し、フランス第５共和政憲法89条５項は「共和政体は、憲法改正の対象とすることはできない」と規定し、改正限界を明文で規定する。

　両説の対立をめぐっては、改正無限界説は、「改正」後の憲法の正当性を、同一性のない「改正」前の憲法によって正当化するものであり、妥当ではないといえよう。同一性がない以上、「改正」後の憲法は「改正」前の憲法の正当性を継承できないはずである（浦部・教室28-29頁）。

　なお、改正手続の改正、たとえば、国民投票の廃止も国民主権原理を揺るがすものであり、改正限界にあたるといえよう。

　また、日本国憲法の基本原理である平和主義が憲法改正の限界であることは学説の一致したところである。しかしながら、９条２項の戦力不保持が改正限界にあたるか否かについては対立があり、通説は改正限界には当たらないとする。というのも、現在の国際情勢で軍隊の保有は直ちに平和主義の否定につながらないからとする（芦部・憲法411頁）。

4　公務員の憲法尊重擁護義務

　日本国憲法は、99条で「天皇又は摂政及び国務大臣、国会議員、裁判官その他の公務員は、この憲法を尊重し擁護する義務を負ふ」と規定する。これは、憲法を政治的侵害から保護するという憲法保障の一環を担うものであり、アメリカ合衆国憲法が大統領に憲法擁護の宣誓義務を課すなど多くの国の憲法にみられるものである。この憲法尊重擁護義務は、公権力行使の担当者である公務員に向けられたものであり、国民に対し向けられたものではない。それは、憲法は国民の権利、自由を保護するものであり、権力担当者は憲法によって拘束され、憲法に従って権力を行使しなければならないからである。これに対し2012年の自民党「日本国憲法改正草案」は、102条で、公務員とともにすべての国民に対し憲法尊重義務を課している。

　憲法尊重擁護義務は、基本的には、法的義務ではなく、道義的義務であると解されている。ただし、公務員の懲戒事由や裁判官の弾劾事由とされる「職務上の義務」違反には、憲法の侵犯、破壊行為も含まれるといえ、その場合には

法的制裁の対象となるので、法的義務であるといえる。

　本章の課題との関係では、首相や大臣の憲法改正の発言が憲法尊重擁護義務違反になるか否かが問題となる。これについては、日本国憲法が改正手続を定めている以上、国務大臣や国会議員が憲法の改正を主張し、それを行うことは本条に反しないとする説（新基本法コメ516頁）と、発議権のない国務大臣が憲法改正を主張することはできない（本ほか・憲法講義125頁）とする説との対立がある。なお、後説においては、国務大臣が改憲を主張することで職務が既存の憲法を遵守して行われているか疑義を生じさせることをその理由の1つとしてあげている。

IV　「答え」を導き出そう

1　なぜ、今、改憲なのか

(1)　50年代改憲の盛り上がり

　1952年の日本の「独立」以降、憲法「改正」をめぐる動きがにわかに強まった。それは、1つには、日本の保守層が、日本国憲法は占領下でアメリカから「押しつけられた」憲法であるとの認識のもと、「独立」を果たした以上「わが国の歴史と伝統を尊重する」憲法を制定したいとの思いにかられ、復古的な改憲を展望したことによる。さらに、1954年に自衛隊が発足すると憲法9条との矛盾が誰の目にも明らかとなったことも改憲が強まった要因であるといえる。54年には自由党、改進党が改憲案を作成するに至ったが、これらの改憲案は、天皇の元首化、9条「改正」による再軍備、「公共の福祉」による人権の制限、都道府県知事の直接公選制の廃止など、戦前の帝国憲法体制への復古を志向するものであった。54年12月には鳩山内閣が成立し、55年2月の総選挙では改憲が大きな争点となったが、改憲勢力は憲法改正に必要な3分の2の議席を確保することができず、50年代改憲はとん挫するに至った。その後55年には改憲勢力の大同団結を目指し保守合同によって「自主憲法制定」を掲げる自由民主党が結成された。

　1960年代に入ると平和主義、民主主義の擁護を掲げる国民的な運動が盛り上がり、60年の安保改定反対闘争は、安保改定を強行した安倍前首相の祖父岸首相を退陣に追い込んだ。安倍前首相が改憲にこだわるのは「おじいちゃんの遺言」なのかもしれない。それはともかくも、日本国憲法の民主主義・平和主義の理念が国民に相当程度「定着」してきていることを目の当たりにして、

自民党は50年代の復古主義路線、明文改憲路線を放棄せざるを得なくなった。岸内閣の退陣を受けて誕生した池田内閣は「所得倍増計画」を掲げ、「在任中は憲法改正を行わない」と明言し、「解釈改憲」路線に転換した。

(2)　2000年代改憲

　自民党は、その後も、基本的には「解釈改憲」路線を採用してきたが、2000年代に入ると明文改憲の動きが急速に強まっていった。

　その原因の1つは、アメリカからの軍事的「役割分担」の要請や、日本資本の要請もあり、自衛隊の海外派兵がもはや恒常化してきており、自衛隊は「自衛のための必要最小限度の実力」だとする9条の「解釈改憲」ではとても対応できなくなった状況がある。91年のペルシャ湾岸への自衛隊掃海艇の派兵を皮切りに、92年カンボジアPKO派兵、2001年テロ特措法によるインド洋への自衛隊派兵、2003年イラク特措法による自衛隊派兵など、今や自衛隊の海外派兵は一般化してきており、「普通の国」、「軍事大国化」路線にとって憲法9条の「改正」が不可避になったことが指摘できる。

　さらに、日本のグローバル企業の競争力を強化するため、「構造改革」の名のもとで「新自由主義的改革」、すなわち、法人税減税、社会保障の削減、労働規制の「緩和」などさまざまな企業負担の軽減策がとられたが、これらは日本国憲法が掲げる社会権保障、福祉国家理念と真正面から抵触することとなり、この点からも明文改憲が意識されることになる。

　そして、1994年の「政治改革」の名のもとに衆議院に小選挙区制が導入され、社会党や共産党などの護憲派・憲法改悪阻止派が「激減」し、自民・民主の保守2大政党制が成立したことも明文改憲へ向けた環境を整備することとなった。

　1999年には国会法が「改正」され、衆参両院に憲法調査会が設置された。2005年には、衆参両院の憲法調査会の「報告書」が出されるとともに、自民党の「新憲法草案」、民主党の「憲法提言」が出された。2007年には憲法改正国民投票法が成立し、憲法調査会が、「憲法改正原案」、「改正の発議」を「審査する」憲法審査会へと「格上げ」された。

　2012年には、自民党は「日本国憲法改正草案」を出したが、野党時代の「気楽さ」もあってか、2005年「新憲法草案」と比べても、本音丸出しのきわめて復古的な改憲案であるといえる。

(3)　安倍「改憲 4 項目」

　安倍首相は、2017年 5 月 3 日の憲法記念日に、改憲派の集会へのビデオメッセージと読売新聞とのインタビューの中で、突如として、「9 条 1 項、2 項を残しつつ、自衛隊を明文で書き込む」とするいわゆる自衛隊加憲論を提起した。2012年の自民党の「改正草案」は「国防軍」の設置を明記するものであり、唐突な方針転換であった。この方針転換は、いくら改憲の旗を振っても、「9 条の会」などの護憲・改悪阻止の市民運動に阻まれ、国民の 9 条改憲反対の姿勢は変わらない。「9 条 1 項、2 項はそのままに、単に現にある自衛隊を憲法に明記するだけで、解釈は 1 ミリも変わりませんよ」といって、国民を説得しようとのことであろう。ちなみに、自衛隊加憲論はもともと政権のパートナーである公明党の案であり、公明党を取り込む狙いもあった。2018年には、党内に異論を残しながらも、①9 条加憲、②緊急事態条項、③合区解消、④教育環境の整備を掲げる、いわゆる「改憲 4 項目」を提起するに至った。②の緊急事態条項については、戦争において権力の集中と人権の停止は必要だとの判断とともに、旧民主党の中に緊急事態条項の新設には支持があることも背景にあるといえよう。③の合区解消は、合区解消を求める党内の声に反応したものといえよう。④の教育環境の整備については、高等教育の無償化を主張する維新の会を取り込む意図があるといえよう。

　2017年総選挙では、自民・公明の与党で313議席、3 分の 2 以上の議席を獲得し、希望と維新を加えた改憲勢力全体では374議席、8 割の議席を獲得した。他方、参議院では2016年選挙において、自・公の与党では 3 分の 2 に満たないものの改憲勢力の維新の会、日本のこころを大切にする党の改憲政党を加えると 3 分の 2 を超えており、改憲の発議に必要な議席を両院で確保するに至った。しかしながら、2019年参院選の結果、自民、公明、無所属、維新の改憲勢力は160議席で、3 分の 2 を割り込むに至った。安倍「改憲 4 項目」は、国民の反対、野党共闘の抵抗の中で、2020年臨時国会でも提起できず、8 国会連続で提起できないでいる。

2　憲法改正手続をめぐって

　2007年の憲法改正手続法においては、過半数の賛成について、ハードルが最も低い①説、有効投票の過半数によっており問題であるといえる。

　さらに、憲法改正手続法においては、最低投票率などの規定がないが、憲法改正の重要性を考えた場合、最低投票率の定めを置く、あるいは、投票率と賛

成率で4割の賛成を必要とするなどのハードルを設けることも検討される必要がある。現行の憲法改正手続法ではこうした規定がなく、たとえば、投票率40％で過半数の賛成であった場合、有権者の20％が憲法改正に賛成したにすぎず、これで憲法改正が行われてよいか、その正当性が問われることになるといえよう。

　また、現行の憲法改正手続法は、105条において、「何人も、国民投票の期日前14日に当たる日から国民投票の期日までの間においては、次条の規定による場合を除くほか、放送事業者の放送設備を使用して、国民投票運動のための広告放送をし、又はさせることができない」と規定し、投票日前14日からは放送におけるコマーシャルは禁止されるものの、それ以前は自由で、資金力のある勢力がテレビコマーシャルを買いまくり、電通が一手に請け負い、有名タレントなどを動員したイメージ操作が行われる恐れがある。ちなみに、5大商圏で認知率を得るテレビCMを行うには2週間で5億円かかるといわれる（本間龍『メディアに操作される憲法改正国民投票』〔岩波書店、2017年〕26頁）。これに対し、フランス、イギリス、スイスなどのヨーロッパ諸国においては、公平性の観点から、一般に、レファレンダム（国民投票）時におけるコマーシャル放送は禁止されている（三輪和宏「諸外国のレファレンダムにおける放送を通じた投票運動」レファレンス714号〔2010年〕）。

　さらに、日本の憲法改正手続法には、支出費用規制などの制限が一切存在しないが、これも国民投票の公平性確保の観点から問題があるといえる。たとえば、イギリスでは、レファレンダム（国民投票）運動の公平性を確保する趣旨で、2000年政党、選挙及びレファレンダム法によって厳格な支出費用規制がなされている（小松浩「イギリスレンファレンダム運動における政治広告放送の禁止」『議会制民主主義の現在——日本・イギリス』〔日本評論社、2020年〕）。

　いずれにしても、資金力豊富な勢力が、カネの力にものをいわせ、カネで票を買うこと、憲法改正をゆがめることを阻止する法改正が不可欠であるといえる。

3　憲法改正限界をめぐって

　2012年の自民党の「改憲草案」は、極めて復古的な改憲案であるといえる。すなわち、憲法前文を書き換え、「日本国は、長い歴史と固有の文化を持ち、国民統合の象徴である天皇を戴く国家」、「日本国民は、国と郷土を誇りと気概を持って自ら守り」、「日本国民は、良き伝統と我々の国家を末永く子孫に継承

するため、ここに、この憲法を制定する」とするなど、古色蒼然としたものになっている。さらに、天皇の元首化（１条）、「日の丸・君が代」の尊重擁護義務（３条）、「国防軍」の設置（９条の２①）、軍法会議の設置（９条の２⑤）、なども規定されている。また、人権条項に関しても、「自由及び権利には責任及び義務が伴うことを自覚し、常に公益及び公の秩序に反してはならない」（12条）、家族の助け合い義務（24条１項）を規定するなどである。さらに、改正手続の改正も提起されており、総議員の３分の２による発議を過半数に引き下げている（100条）。

　このような「改正案」は、およそ現行の日本国憲法とその基本原理においてまったく異なるものであって、もはや「改正」とはいえず、改正限界を超え、「新憲法の制定」を目指すものであるといえ、改正手続を用いることはできないといえる。

　また、自民党「改憲４項目」における９条の２の新設による加憲論については、９条の２第１項で「前条の規定は、我が国の平和と独立を守り、国及び国民の安全を保つために必要な自衛の措置をとることを妨げず、そのための実力組織として、法律の定めるところにより、内閣の首長たる内閣総理大臣を最高の指揮監督者とする自衛隊を保持する」と自衛隊を明記する。それが自衛隊を明記することから、改正限界を超えるものと考えられる。通説は先に述べたように軍隊の保持を改正限界には当たらないとするが、日本国憲法の基本原理たる平和主義は、自衛戦争を含めた一切の戦争の放棄、戦力の不保持であることからすれば、軍隊ないし自衛隊の保持を認めることはこの基本原理に反し、改正限界にあたると考えられよう。

4　公務員の憲法尊重擁護義務をめぐって

　憲法擁護、改悪阻止の運動に行くと、「安倍首相が憲法改正を叫ぶのはおかしい。99条の憲法尊重擁護義務違反だ」という声を聞くことがある。この発言が、首相や大臣が憲法改正について一切発言してはならないということを意味しているとすれば、これは言い過ぎであろう。日本国憲法が改正手続を定めている以上、憲法の国民主権原理、基本的人権の尊重、平和主義をよりよく発展させるために改正を行うことはむしろ当然であるともいえ、政治家が憲法改正をめぐって議論することは決して否定されるべきではないといえよう。問題は、安倍前首相や現在の自民党が日本国憲法を尊重したうえでそれをよりよく発展させるために改憲を主張しているかといえば、とてもそうは思えないとこ

ろにある。安倍政権は、それまで歴代政権がずっと維持してきた「集団的自衛権の行使は憲法違反である」との政府見解を一片の閣議決定で反故にし、国民多数の反対する安保法制を強行採決で制定した。国民の多数が反対する秘密保護法、共謀罪法などの強行採決も行われ、安倍政権下において、強行採決はもはやルーティン化していた。さらに、2012年の「日本国憲法改正草案」はすでに見たように日本国憲法の全面否定である。

　佐藤幸治は、「憲法が改正手続について定めている以上、閣僚が政治家として改正に関し主張できることは当然であるが、改正されるまで憲法に誠実に従って行動する義務があり、さらに、憲法およびその下における法令に従って行われるはずのその職務の公正性に対する信頼性を損なうような言動があるとすれば本条の義務に反する可能性があろう」（佐藤・憲法論59頁）というが、妥当であるといえる。

　憲法は、国民が制定し、権力担当者を縛って国民の権利・自由を保障するものである。憲法によって縛られる権力担当者たる首相自身がその縛りを緩くしようとして改憲の旗を振る現在の姿は極めて異常な事態である。憲法の基本原理をよりよく発展させるために改憲をすることはあるだろうが、それは、しかし、あくまで憲法制定権力、改正権力を有する国民が改憲を欲する場合である。各種の世論調査は国民が改憲を望んでいないことを示している。国民が望んでもいない改憲を安倍前首相、菅首相は「上から」押しつけているようである。これこそ究極の「押しつけ憲法」ではないだろうか。

［参考文献］
・京都憲法会議監修、木藤伸一朗＝倉田原志＝奥野恒久編『憲法「改正」の論点』（法律文化社、2014年）
・阪口正二郎ほか編『憲法改正をよく考える』（日本評論社、2018年）
・本秀紀「憲法をめぐる情勢と安倍改憲の問題点」法学セミナー 761号（2018年）
・上脇博之『安倍「4項目」改憲の建前と本音』（日本機関紙出版センター、2018年）
・渡辺治『戦後史のなかの安倍改憲』（新日本出版社、2018年）

あとがき

　本書の編者でもあり、執筆者の１人としても年来ご専門の表現の自由に関する新しい憲法問題を論説してくださっている市川正人教授は、まもなく2021年３月末に四半世紀を超えて勤務してこられた立命館大学を定年退職される。1994年10月に三重大学人文学部から立命館大学法学部に移籍されて半年後の1995年４月より1997年３月にかけて『法学セミナー』誌上に連載されていたのが、市川正人『ケースメソッド憲法』（日本評論社、初版1998年４月、第２版2009年７月）の原形であり、ご定年の節目を記念して同じく日本評論社より出版される本書の原型が同書である。

　憲法を学ぶ多くの人々に読み継がれてきた同書には、全国紙の記事から厳選された20件のケースを題材に、まずは「論点はなにか」を示してから読み解くのに知っておきたい「学説・判例の展開は」と説き、その上で「私はこう考える」と論じる部分を「一般論として」と「今回のケースへのあてはめ」に分かち書く独自の「ケースメソッド」が実践されている。多くの類書が主に既決の事件や架空の事案を素材にしているのとは一線を画して、報道を鋭敏に読み解くスキルを、深く専門的にも、広く教養としても、身につけ伸ばしてもらえるように工夫されているのが同書の優れた特長である。初版の帯には、「緻密かつ大胆な解釈が、憲法の理念を示す」と標榜され、第２版の帯には、「事実を踏まえた、シャープかつソリッドな解釈」と銘打たれているが、このような「解釈」のスタイルやスタンスこそは、同じく演習教材でもあろうとする本書に受け継がれている。

　このような『ケースメソッド憲法』の「はしがき」の結ばれようを振り返ると、初版には脱稿されたときに滞在されていた「ワシントンDCにて」と記されており、第２版には「往年の朱雀大路に面した立命館大学朱雀キャンパスにて」と記されている。合衆国の首都においてアメリカン大学の客員教授を務められ、その法科大学院において在外研究に勤しまれた市川教授は、ご帰国後、司法制度改革により司法試験が現行様式に移行する前後の時期に、その考査委員を務められた。2004年４月に日本版の法科大学院が発足したときには、その１つである立命館大学大学院法務研究科の初代研究科長に就かれ、2010年３月まで２期６年間の長きにわたり務められた。共編著の対談集として『いま憲法学を問う』（日本評論社、2001年５月）を、研究成果をとりまとめられた単著として『表現の自由の法理』（日本評論社、2003年２月）を、法科大学院など

の教材としても有用な共編著の『ケースメソッド公法』（日本評論社、初版2004年4月、第2版2006年9月、第3版2012年5月）を、続々と世に送り出されていた頃である。

　研究科長ご退任後には、共編著の論文集として『現代における人権と平和の法的探求——法のあり方と担い手論』（日本評論社、2011年9月）を刊行されている。2015年1月から2018年12月まで学校法人立命館副総長兼立命館大学副学長（教学・大学院担当）を務められ、2017年10月から2年間にわたり全国憲法研究会代表を務められていた頃には、科学研究費補助金（基盤研究（B）研究代表者：市川正人）を交付された共同研究の成果として『日本の最高裁判所——判決と人・制度の考察』（日本評論社、2015年6月）と『現代日本の司法——「司法制度改革」以降の人と制度』（日本評論社、2020年3月）を刊行され、単著の研究書として『司法審査の理論と現実』（日本評論社、2020年3月）を上梓されている。他社からも多数を公刊されており、雑誌には無数を寄稿されているが、市川教授の主要研究業績のリストは、ご経歴や長き来し方をフランクに口述されている「オーラルヒストリー」とともに『立命館法学』393・394号（2020年5・6号）に掲載される。無料で閲覧できる便利なオンライン版もあるから、本書の読者の皆さんには、是非これを本家本元の「ケースメソッド」のエッセンスが充満している参考文献のリポジトリとしても参照されたい（http://www.ritsumei.ac.jp/acd/cg/law/lex/ritsumeikanhogakuindex.htm）。

　市川教授ご自身をはじめとする編者と執筆者の皆さんには本書をコンサイスに仕上げるために無理を申し上げてコンパクトに執筆していただいているから、あとがきにて読者の皆さんに願い上げるのも手短にならざるをえない。本書に受け継がれている「ケースメソッド」のエッセンスの衣鉢を存分に、願わくはクリティカルに堪能していただきたい。

立命館朱雀キャンパスにある
市川正人教授の研究室の隣室にて

倉田　玲

編者

市川正人（いちかわ・まさと）　　立命館大学教授

倉田　玲（くらた・あきら）　　　立命館大学教授

小松　浩（こまつ・ひろし）　　　立命館大学教授

著者（50音順）

市川正人（いちかわ・まさと）　　立命館大学教授

伊藤嘉規（いとう・よしのり）　　富山大学准教授

上出　浩（うえで・ひろし）　　　立命館大学非常勤講師

植松健一（うえまつ・けんいち）　立命館大学教授

大西祥世（おおにし・さちよ）　　立命館大学教授

君島東彦（きみじま・あきひこ）　立命館大学教授

倉田　玲（くらた・あきら）　　　立命館大学教授

倉田原志（くらた・もとゆき）　　立命館大学教授

栗田佳泰（くりた・よしやす）　　新潟大学准教授

小松　浩（こまつ・ひろし）　　　立命館大学教授

坂田隆介（さかた・りゅうすけ）　立命館大学准教授

多田一路（ただ・いちろう）　　　立命館大学教授

橋本一雄（はしもと・かずお）　　中村学園大学短期大学部准教授

羽渕雅裕（はぶち・まさひろ）　　帝塚山大学教授

けんぽうもんだい
憲法問題のソリューション

2021年3月30日　　第1版第1刷発行

編著者——市川正人、倉田玲、小松浩

発行所——株式会社　日本評論社

　　　　〒170-8474　東京都豊島区南大塚 3-12-4

　　　　電話 03-3987-8621（販売：FAX—8590）

　　　　　　　03-3987-8592（編集）

　　　　https://www.nippyo.co.jp/　振替 00100-3-16

印刷所——精興社

製本所——難波製本

装　丁——図工ファイブ

JCOPY 〈（社）出版者著作権管理機構 委託出版物〉
本書の無断複写は著作権法上での例外を除き禁じられています。複写される場合は、そのつど事前に、（社）出版者著作権管理機構（電話 03-5244-5088、FAX 03-5244-5089、e-mail：info@jcopy.or.jp）の許諾を得てください。また、本書を代行業者等の第三者に依頼してスキャニング等の行為によりデジタル化することは、個人の家庭内の利用であっても、一切認められておりません。

検印省略　© 2021　Masato Ichikawa, Akira Kurata, Hiroshi Komatsu

ISBN978-4-535-52500-9　　　　　　　　　　　　　　Printed in Japan

日本評論社の法律学習基本図書

NBS 日評ベーシック・シリーズ
憲法Ⅰ 総論・統治[第2版]／Ⅱ人権[第2版]
新井 誠・曽我部真裕・佐々木くみ・横大道 聡[著]
●各2,090円

行政法
下山憲治・友岡史仁・筑紫圭一[著] ●1,980円

租税法
浅妻章如・酒井貴子[著] ●2,090円

民法総則[補訂版]
原田昌和・寺川 永・吉永一行[著] ●1,980円

物権法[第2版]
秋山靖浩・伊藤栄寿・大場浩之・水津太郎[著] ●1,870円

担保物権法[第2版]
田髙寛貴・白石 大・鳥山泰志[著] ●1,870円

債権総論
石田 剛・荻野奈緒・齋藤由起[著] ●2,090円

家族法[第3版]
本山 敦・青竹美佳・羽生香織・水野貴浩[著] ●1,980円

刑法Ⅰ 総論 刑法Ⅱ 各論
亀井源太郎・和田俊憲・佐藤拓磨
小池信太郎・薮中 悠[著] ●Ⅰ:2,090円 Ⅱ:2,200円

民事訴訟法
渡部美由紀・鶴田 滋・岡庭幹司[著] ●2,090円

労働法[第2版]
和田 肇・相澤美智子・緒方桂子・山川和義[著] ●2,090円

[新版]法学の世界 南野 森[編]
●2,420円

基本憲法Ⅰ 基本的人権
木下智史・伊藤 建[著] ●3,300円

基本行政法[第3版] 中原茂樹[著]
●3,740円

基本刑法
Ⅰ総論[第3版] Ⅱ各論[第2版] ●Ⅰ=4,180円 ●Ⅱ=4,290円
大塚裕史・十河太朗・塩谷 毅・豊田兼彦[著]
●各3,300円

基本刑事訴訟法
Ⅰ手続理解編 Ⅱ論点理解編
吉開多一・緑 大輔・設楽あづさ・國井恒志[著]

憲法Ⅰ 基本権 Ⅱ 総論・統治
渡辺康行・宍戸常寿・松本和彦・工藤達朗[著]
●各3,520円

民法学入門[第2版]増補版
河上正二[著] ●3,300円

スタートライン民法総論[第3版]
池田真朗[著] ●2,420円

スタートライン債権法[第7版]
池田真朗[著] ●2,640円

民法入門 債権総論[第4版]
森泉 章・鎌野邦樹[著] ●3,300円

新法令用語の常識
吉田利宏[著] ●1,320円

〈新・判例ハンドブック〉 ●物権法:1,430円 ほか・各1,540円
憲法[第2版] 高橋和之[編]

民法総則 河上正二・中舎寛樹[編著]

物権法 松岡久和・山野目章夫[編著]

債権法Ⅰ・Ⅱ ●Ⅰ:1,540円 ●Ⅱ:1,650円
潮見佳男・山野目章夫・山本敬三・窪田充見[編著]

親族・相続 二宮周平・潮見佳男[編著]

刑法総論／各論 ●総論1,760円 ●各論1,650円
高橋則夫・十河太朗[編]

商法総則・商行為法・手形法
鳥山恭一・高田晴仁[編著]

会社法 鳥山恭一・高田晴仁[編著]

日本評論社
https://www.nippyo.co.jp/
※表示価格は消費税込みの価格です。